INVENTAIRE
V 44847
AF310418
V

STÉNOGRAPHIE

PAR

Le Dʳ Ed. LE TELLIER

PARIS

GAUTHIER-VILLARS, IMPRIMEUR-LIBRAIRE
DU BUREAU DES LONGITUDES, DE L'ÉCOLE IMPÉRIALE POLYTECHNIQUE,
SUCCESSEUR DE MALLET-BACHELIER
Quai des Augustins, 55

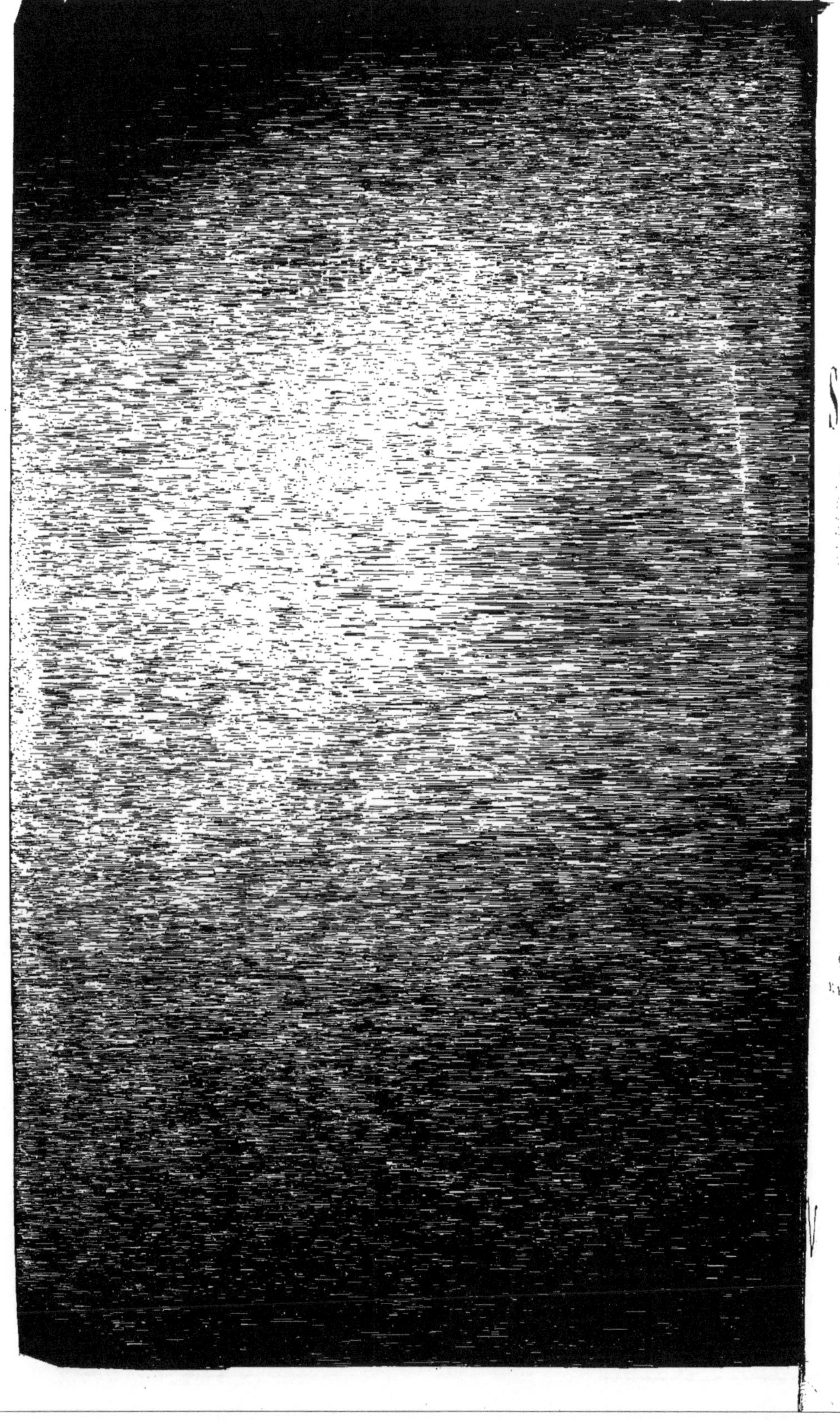

NOUVEAU SYSTÈME

DE

STÉNOGRAPHIE,

PAR

LE D^r ED. LE TELLIER.

⸺✦⸺

PARIS,

GAUTHIER-VILLARS, IMPRIMEUR-LIBRAIRE

DU BUREAU DES LONGITUDES, DE L'ÉCOLE IMPÉRIALE POLYTECHNIQUE,

SUCCESSEUR DE MALLET-BACHELIER,

Quai des Augustins, 55.

—

1869

PARIS. — IMPRIMERIE DE GAUTHIER-VILLARS,
Rue de Seine-Saint-Germain, 10, près l'Institut.

TABLE DES MATIÈRES.

PREMIÈRE PARTIE.

CONVENTIONS DE LANGAGE.

DEUXIÈME PARTIE.

DES SIGNES STÉNOGRAPHIQUES.

TROISIÈME PARTIE.

SYNTAXE STÉNOGRAPHIQUE.

QUATRIÈME PARTIE.

MOYENS ARBITRAIRES.

PRÉFACE.

Il me paraît convenable d'indiquer dès l'abord les raisons qui m'ont déterminé à entreprendre ce travail, et de montrer son opportunité.

Bien que particulièrement adonné aux études et à la pratique médicales, je me suis toujours occupé de Sténographie. N'écrivant pas très-vite, je voulus, dès le collége, me procurer les avantages d'une écriture abréviative, et j'étudiai le système de Sténographie de M. Hippolyte Prévost, le meilleur à mon avis de ceux qui ont été publiés jusqu'à ce jour.

Ce système pratiqué dans toute sa rigueur et avec toutes ses ressources m'a rendu de réels services dans le cours de mes études en me permettant de prendre toujours des notes très-complètes. Toutefois, lorsque j'essayai de recueillir mot pour mot la parole d'un orateur, je ne pus y réussir, et je vis que, pour arriver à ce résultat, il fallait modifier sa pratique, se créer un grand nombre d'abréviations arbitraires, se livrer en un mot à un travail long et difficile qui constituait presque une nouvelle étude de la Sténographie.

Du reste, la difficulté eût été la même, peut-être plus grande encore, avec tous les autres systèmes.

Je fus ainsi conduit à penser qu'il y avait une lacune à combler en Sténographie; je crus qu'il ne serait pas sans utilité de créer un système complet, d'une démonstration facile et d'une rapidité égale à celle de la parole.

Depuis longtemps je m'occupe de ce sujet; toutes les

combinaisons nouvelles que j'ai imaginées ont été soumises au contrôle de l'expérience, et en publiant aujourd'hui le résultat de mes recherches je crois être utile à tous ceux qui désirent trouver réellement dans l'étude de la Sténographie le moyen d'*écrire aussi vite que l'on parle*.

Je suis convaincu qu'on n'apprécie généralement pas assez les services que peut rendre la Sténographie, et sans entreprendre ici un éloge banal, j'essayerai de dire pourquoi je voudrais voir son étude se répandre davantage.

Il est presque inutile d'insister sur son application à la reproduction des débats législatifs et judiciaires. Les habitudes de publicité pénètrent de plus en plus dans nos mœurs; quelques-uns s'en affligent, d'autres s'en réjouissent : quant à moi, qui pense avec M. Lowe qu'*il faut apprendre à lire à ceux qui demain nous donneront des lois*, je m'estimerais heureux d'avoir contribué pour une part, si minime qu'elle fût, aux progrès de cette publicité.

Mais à côté des applications pour ainsi dire officielles de la Sténographie, il en est d'autres plus spéciales, plus individuelles qui n'ont pas un moindre degré d'utilité.

Et d'abord, chacun peut en apprécier les avantages dans les mille circonstances de la vie où l'on est obligé de prendre rapidement des notes très-complètes. D'autre part, il n'est pas de jour où la Sténographie ne puisse devenir un précieux auxiliaire pour les hommes d'étude.

Je n'entrerai pas dans de longs détails; qu'il me suffise de mentionner les deux cas suivants.

Le premier a trait aux cours que doivent suivre les jeunes gens qui se destinent aux carrières libérales. Les professeurs chargés de ces cours ne possèdent malheureusement pas tous à un égal degré le talent d'intéresser leurs auditeurs. Il en résulte que l'ennui succède rapidement au défaut d'attention, et que trop souvent on voit des cours, fort utiles d'ailleurs, presque complétement abandonnés.

Eh bien, je sais un excellent moyen de soutenir l'attention défaillante, et je le recommande sérieusement aux jeunes étudiants : c'est de sténographier leurs cours. Je puis leur affirmer qu'ils n'auront, sous tous les rapports, qu'à se louer de cette pratique.

Mais c'est surtout aux hommes de lettres qu'une écriture abréviative peut rendre de grands services. Personne n'ignore que l'aptitude au travail est fort inégale, quelque bien organisé qu'on soit d'ailleurs. Il est des jours où l'inspiration fait complétement défaut; le plus souvent, une partie du temps se perd aux hésitations de la *mise en train*, et ce n'est que tardivement qu'on arrive au libre et complet exercice des ses facultés.

Que ne peut-on doubler la durée de ces instants précieux et fixer ses idées aussi rapidement qu'elles se succèdent, avec la forme et le relief que l'on ne retrouvera que difficilement plus tard! « Des ailes! » s'écrierait-on volontiers avec le poëte.

Ces ailes, la Sténographie peut les donner; elle peut, affranchissant de toute entrave, procurer la pleine possession de ces heures inspirées qui souvent font les chefs-d'œuvre.

Ne faut-il pas d'ailleurs qu'à une époque où le temps presse, où l'on va plus vite en toutes choses, où le progrès est partout, les hommes d'étude sachent se dérober aux lenteurs de l'écriture ordinaire, et marcher, eux aussi, à toute vapeur?

Je conclus donc à la nécessité de propager l'étude de la Sténographie.

NOUVEAU SYSTÈME

DE

STÉNOGRAPHIE.

INTRODUCTION.

La Sténographie est un art qui a pour but d'écrire aussi vite que l'on parle.

Pour arriver à ce résultat, elle met en œuvre deux ordres de moyens :

Des conventions de langage ;
Des combinaisons de signes.

Nous allons les étudier successivement.

PREMIÈRE PARTIE.

CONVENTIONS DE LANGAGE.

Un même principe domine toutes les conventions de langage, c'est de simplifier.

Il faut simplifier l'*orthographe* et la *prononciation* des mots, afin d'abréger leur représentation sténographique.

En général, plus on simplifie, mieux cela vaut. Une simplification ne doit être omise que lorsqu'elle compromet l'exactitude de la traduction.

Partant de ce principe, examinons les divers modes de simplification consacrés par l'expérience et par la pratique habituelle de la Sténographie. Ils consistent :

1° Dans la simplification de l'orthographe;

2° Dans la suppression des voyelles dans le corps des mots;

3° Dans la réduction du nombre des consonnes;

4° Dans la simplification de la prononciation.

SIMPLIFICATION DE L'ORTHOGRAPHE.

Maintes fois déjà on a essayé de substituer à l'orthographe ordinaire une orthographe phonétique qui n'emploierait que les lettres strictement nécessaires à la reproduction des sons.

Toutes ces tentatives ont échoué et devaient nécessairement échouer. Il est indispensable en effet que tous les mots d'une langue aient une orthographe invariable, et que rien n'y soit laissé à l'arbitraire.

Cette nécessité admise, il est facile de comprendre l'impossibilité d'une méthode phonétique qui comporterait, pour un même mot, autant de diversité dans l'écriture que dans la prononciation ; car il est de toute évidence que le Normand et le Provençal prononçant différemment écriraient différemment aussi.

Et sans aucun doute, si l'on cherchait à obtenir une orthographe phonétique uniforme, on verrait apparaître des difficultés supérieures à celles de l'orthographe grammaticale.

Toutefois ces objections contre l'orthographe phonétique n'ont de valeur qu'au point de vue de l'écriture usuelle ; elles n'en ont plus lorsqu'il s'agit de Sténographie.

Ici, en effet, le signe représentatif, pour être d'un tracé suffisamment rapide, ne doit viser qu'à reproduire la charpente du mot et négliger tous les détails.

En d'autres termes, l'écriture ordinaire exige une orthographe invariable, tandis que la Sténographie sait se contenter d'un *à peu près*.

Il serait beaucoup trop long d'énumérer toutes les règles applicables à cette simplification de l'orthographe. Personne qui n'arrive facilement et de soi-même à cette abréviation et qui, voulant reproduire de la façon la plus simple ces mots :

les oiseaux gazouillent sous l'épais feuillage,

n'écrive :

lé oiso gasouye sou lépè feyaje.

Je me bornerai donc à faire remarquer qu'il résulte de l'usage de la méthode phonétique :

1.

1° La suppression du quart, quelquefois même du tiers des lettres qu'exige l'orthographe grammaticale ;

2° La substitution de la lettre *s* au *c* doux et au *z* :

ciment, zèle, s'écrivant *siman sèl ;*

3° La substitution du *k* au *c* dur et au *q*, et de *ks* à l'*x* :

canne, querelle, excès, s'écrivant *kane, kerel, eksè;*

4° La disparition de la lettre *h* au commencement des mots, et la substitution de *f* à *ph*, de *t* à *th* :

histoire, philosophie, théorie, s'écrivant *istoir, filosofi, teori ;*

5° La substitution du *j* au *g* doux :

sergent, s'écrivant *serjen ;*

6° La substitution de l'*i* à l'*y* toutes les fois que cette dernière lettre est employée comme voyelle :

physique, s'écrivant *fisic ;*

7° L'emploi de la lettre *y* à titre de consonne toutes les fois que se présente le son *ye*, qui dans l'écriture ordinaire est presque toujours représenté par deux *l* mouillées :

treillage, s'écrivant *treyage ;*

8° Enfin la suppression de certains signes orthographi- ques, tels que l'apostrophe, le trait d'union et les divers signes de ponctuation :

l'homme, cerf-volant, s'écrivant *lome, servolan.*

A la rigueur on pourrait suppléer à la ponctuation en laissant un certain intervalle entre deux phrases qui ne se rapportent pas au même ordre d'idées, mais c'est à peu près inutile.

En résumé, la simplification de l'orthographe fait disparaitre au moins le quart des lettres de chaque mot, ainsi que les consonnes : *c, h, q, x* et *z*.

SUPPRESSION DES VOYELLES MÉDIANES.

Pour justifier la suppression des voyelles dans le corps des mots, il ne sera pas sans utilité de rappeler ici quelques considérations relatives à la constitution du langage.

Presque partout on trouve cette définition de la parole :

La parole est la voix articulée.

Je crois qu'il serait plus exact de dire que la parole est composée des éléments suivants :

1° De sons vocaux simples;

2° De bruits articulés;

3° De la combinaison des sons vocaux avec les bruits articulés.

Ainsi dans le mot *apôtre*, la première syllabe *a* est un son vocal simple.

Dans le mot *station*, on trouve d'abord un sifflement *se*, parfaitement étranger à la voix, et que la langue seule concourt à produire.

Enfin dans le mot *papa*, chaque syllabe résulte de la combinaison du bruit articulé *pe* avec le son *a*.

Toutefois, l'élément fondamental de la parole, c'est le bruit articulé, autrement dit l'*articulation*.

C'est l'articulation en effet qui caractérise les différents idiomes; c'est elle qui dans toutes les langues forme en quelque sorte la charpente de chaque mot, si bien que dans l'écriture des langues sémitiques, de la langue arabe en particulier, on néglige les voyelles pour ne tenir compte que des consonnes,

On peut d'ailleurs remarquer que la voix ne concourt à la parole que par un nombre de sons élémentaires très-restreint et nécessairement les mêmes pour toutes les langues, tandis que les articulations sont nombreuses et varient d'une langue à l'autre.

C'est ainsi que dans la langue française nous trouvons d'abord les articulations simples *be-pe, de-te, ve-fe, je-che, gue-ke, le, me, ne, re, se, ye, gne;* puis les articulations composées, *pre-ple-pse, tre-tle-tse, kre-kle-kse, fre-fle, spe-sfe-ske.*

Mais il existe en outre des articulations plus ou moins complexes propres à des langues étrangères telles que :

Le *th* sifflant de l'anglais; exemple : *the th*roat, la gorge;

Le *ha* et le *ch* guttural de l'allemand; exemple : *h*immel, le ciel; ba*ch*, le ruisseau.

Le *tch* et le *dj* de l'italien; exemple : luce, la lumière; Giovanni, Jean;

Le *j* (rhota) guttural de l'espagnol, analogue au *g* (rhamza) arabe dont il dérive; exemple : mu*j*er, la femme; vie*j*o, vieux.

Tels sont aussi les sons gutturaux de la langue chinoise dont on ne peut avoir qu'une idée imparfaite en disant qu'ils sont formés par l'association de l'*r* et de l'*h* aspirée, comme dans '*ho*, le feu, qu'on prononce *rho*, en avalant le son pour ainsi dire.

Ces différents sons articulés sont tellement particuliers à chaque langue, qu'ils entraînent parfois une modification des organes de la parole, et que les étrangers n'arrivent à les imiter exactement qu'après plusieurs années d'exercice. Le son guttural de la langue chinoise est précisément dans ce cas.

Un savant philologue allemand, Jacob Grimm, a parfaitement exprimé le rôle prépondérant des articulations ou consonnes dans la formation des langues.

« Dans les mots, dit-il, la forme est basée sur les consonnes; la couleur, au contraire, sur les voyelles.

» Sans voyelles les langues manqueraient de lumière et
d'ombre; sans consonnes, elles manqueraient de la *matière*
à laquelle la lumière et l'ombre s'attachent. »

Les consonnes formant la partie essentielle des mots,
nous nous attacherons donc tout particulièrement à les reproduire. Quant aux voyelles, il nous suffira d'en conserver
assez pour que la couleur dont parle Grimm soit encore
sensible. C'est à quoi nous parviendrons en indiquant les
voyelles initiales et finales ainsi que toutes les nasales.

La suppression des voyelles médianes sera sans inconvénient sérieux pour la traduction de l'écriture sténographique.

Elle sera d'autant moins à redouter que nous conviendrons de prononcer chaque consonne comme si elle était
suivie d'un *e* muet, de sorte qu'étant données les quatre
consonnes *r, d, k, l,* qui entrent dans le mot *ridicule,* nous
prononcerons *redekele* dont l'analogie avec *ridicule* est telle,
qu'il n'y a pas d'hésitation possible.

Toutefois il arrivera fréquemment que deux mots com-
posés des mêmes consonnes et ne différant que par une ou
deux voyelles médianes s'écriront de la même manière et
pourront être confondus. C'est ainsi que les mots *radical*
et *ridicule,* que *raviser* et *reviser* seront représentés par les
mêmes signes.

Supposons le signe isolé; il ne sera pas possible de
dire s'il se rapporte à l'un plutôt qu'à l'autre des deux
mots. Mais il ne s'agit nullement en Sténographie de traduire des mots isolés; un mot fait toujours partie d'une
phrase dont le sens général permettra de donner au signe
sténographique sa véritable valeur.

Le sens de la phrase, qu'on le sache bien, est le plus puissant auxiliaire de la traduction exacte. C'est un guide sûr et fidèle qu'il faut savoir consulter souvent et dès qu'apparaît la moindre incertitude.

Ajoutons enfin qu'en dehors dé toutes les considérations précédentes, de nature à autoriser la suppression des voyelles médianes, il y a l'expérience. Elle seule suffirait pour légitimer ce moyen qui réalise des abréviations plus remarquables encore que l'orthographe phonétique.

RÉDUCTION DU NOMBRE DES CONSONNES.

Il résulte de ce qui précède que l'écriture sténographique consiste principalement dans la reproduction des sons articulés ou consonnes, qui seules donnent aux mots leur forme et leur structure.

Cependant, ici encore nous pouvons faire un travail de simplification qui aura pour effet de réduire au plus petit nombre possible les signes élémentaires de l'écriture sténographique.

Lorsqu'on étudie le mécanisme des sons articulés, on voit de suite qu'un certain nombre présentent entre eux la plus grande analogie. Ce sont les couples *be-pe*, *de-te*, *ve-fe*, *gue-ke*, *je-che*.

En effet, l'articulation de chaque couple est produite par les mêmes mouvements de la langue et des lèvres, et les deux consonnes similaires ne diffèrent que par le plus ou moins d'intensité du mouvement, dans *ba* et *pa* par exemple ; ou par la durée plus ou moins longue du bruit articulé avant que le son vocal s'y associe, comme dans *je* et *che*. D'où les noms de *faible* et de *forte* donnés à chacune de ces consonnes. Toutefois la nuance qui les distingue est si légère, qu'elle a complétement disparu de certains idiomes, de la langue allemande par exemple, où les fortes seules subsistent dans la prononciation.

Il en sera de même en Sténographie, et la pratique a depuis longtemps démontré que l'on peut sans aucun danger n'avoir qu'un seul et même signe pour chacune de ces consonnes similaires et désigner ce signe par le nom de la forte. A la lecture le choix entre la faible et la forte se fait naturellement, et au cas où il y aurait quelque hésitation, le sens de la phrase la ferait disparaître aussitôt.

Par le fait de cette réduction, les articulations fondamentales de la langue française, qui seule ici nous intéresse, se trouvent ramenées aux douze suivantes :

1	2	3	4	5	6
be-pe,	*de-te,*	*ve-fe,*	*gue-ke,*	*je-che,*	*le,*

7	8	9	10	11	12
me,	*ne,*	*re,*	*se,*	*ye,*	*gne.*

Outre ces articulations fondamentales, il y a des articulations composées qui proviennent en quelque sorte de la fusion des premières entre elles. Ce sont les articulations *ple-pre-pse*, *tle-tre-tse*, *kle-kre-kse*, *fle-fre*, *spe-ste-sfe-sle-sme*, qui d'elles-mêmes se décomposent en leurs éléments. Il suffira donc de restituer ces éléments, et dans le mot *préface*, par exemple, de prononcer *péreface* pour voir que les articulations composées peuvent parfaitement s'exprimer à l'aide des consonnes simples dont elles dérivent.

Finalement, on voit qu'avec un nombre de signes très-restreint, douze au lieu de vingt-deux, nous serons en mesure d'exprimer les divers sons articulés qui donnent aux mots de la langue leur caractère distinctif.

En y ajoutant les signes des voyelles initiales, finales et

nasales, nous posséderons tous les éléments de l'écriture sténographique.

SIMPLIFICATION DE LA PRONONCIATION.

En simplifiant la prononciation on peut réaliser de nouvelles abréviations. De ces simplifications, les unes sont fixes et constantes, les autres arbitraires.

Examinons les principales :

1° Toutes les fois que dans le discours se présente la négation *ne pas, ne point*, on doit omettre le mot complémentaire *pas* ou *point*. Ainsi la phrase : *je ne pense pas exagérer*, se prononcera simplement : *je ne pense exagérer*.

A la lecture, rien de plus facile que de restituer le complément *pas* ou *point*.

2° Lorsqu'un des temps du verbe avoir est précédé des mots *qui, il y, il n'y*, comme par exemple dans : *qui ont, il y a, il y eut, il n'y avait*, on doit prononcer comme dans la conversation familière : *kon, ya, yu, gnavé*.

3° Dans le langage ordinaire on adoucit fréquemment certaines articulations soit au commencement et à la fin, soit même au milieu des mots.

Il faut suivre cet exemple en Sténographie; ainsi les mots *expédition, extraction, sculpture, spectacle, transfusion*, se prononceront: *espédition, estraction, sculture, spectake, tranfusion*.

Les mots terminés en *ble, ple,* tels que *aimable, peuple*, se prononceront *aimabe, peupe*.

4° Lorsque se présenteront des mots d'une longueur démesurée tels que *constitutionnellement, extraordinairement, municipalité*, il est trop juste de n'écrire que le commencement du mot, soit *constitu, extror, muni*.

5° Enfin un Sténographe, après un certain temps de pratique, adoptera telle simplification de prononciation qu'il jugera convenable et abrégera de la sorte le tracé des mots longs et d'un usage fréquent.

Nous venons de passer en revue les principales conventions de langage qui forment en quelque sorte le prélude des abréviations sténographiques. En les appliquant aux différents mots de la langue, on verra que presque tous s'en trouvent singulièrement allégés. A la place de la peinture fidèle que nous offre l'écriture ordinaire, il ne nous restera qu'une esquisse légère, bizarre même, mais toujours suffisamment ressemblante pour qu'un œil intelligent et exercé ne puisse guère s'y tromper.

DEUXIÈME PARTIE.

DES SIGNES STÉNOGRAPHIQUES.

L'écriture sténographique consiste dans la reproduction des éléments essentiels de chaque mot à l'aide de signes aussi simples et aussi rapides que possible; l'ensemble de ces signes forme en quelque sorte l'alphabet sténographique.

Or, d'après les données physiologiques que nous avons précédemment rappelées, le mot résulte de l'émission successive et non interrompue de sons vocaux simples ou voyelles et de sons articulés ou consonnes. Un mot quel qu'il soit peut toujours être ramené à ces éléments. Donnons un exemple :

Le mot *épître* résulte de l'émission successive d'un son vocal simple *é*, d'un son articulé simple *pi*, et d'un son articulé composé *tre* que nous savons être équivalent à ses générateurs *tere*. En sorte qu'ayant à écrire en Sténographie le mot *épître*, nous devrons représenter les éléments *é pe te re*.

Et de même pour tous les autres mots.

Ceci posé, on peut, ainsi que cela se pratique dans la plupart des systèmes de Sténographie employés jusqu'à ce jour, affecter un signe particulier à chacun des éléments du mot et atteindre une rapidité déjà fort satisfaisante. Mais la rapidité sera bien plus grande encore si, grâce à des combinaisons variées, on fait usage de signes synthétiques, c'est-à-dire de nature telle, qu'un de ces signes représente à lui seul deux ou plusieurs consonnes.

Nous nous sommes efforcé de créer un système complet de ces signes synthétiques, qui portent les moyens d'abréviation à leur dernière limite et qui, nous aimons à le croire, réalisent un véritable progrès en Sténographie.

SIGNES DES CONSONNES.

Étudions d'abord les signes des consonnes.

SIGNES ÉLÉMENTAIRES, OU LETTRES SIMPLES.

Nous avons vu que tous les sons articulés de la langue française pouvaient se ramener aux douze suivants :

1	2	3	4	5	6
be-pe	*de-te*	*ve-fe*	*gue-ke*	*je-che*	*le*

7	8	9	10	11	12
me	*ne*	*re*	*se*	*ye*	*gne*

Nous laisserons momentanément de côté les deux derniers *ye* et *gne*. Ils forment en effet une sorte de transition, *ye* entre les voyelles et les consonnes, *gne* entre les consonnes simples et les consonnes composées. Leurs signes tireront de cette circonstance un caractère spécial.

Actuellement ne nous occupons que des signes des dix premières consonnes.

Ils consistent exclusivement en lignes droites et en lignes courbes différant entre elles soit par leur inclinaison, soit par leur direction. Ainsi étant donnée une ligne droite, cette ligne peut être horizontale ou verticale, oblique à droite ou à gauche, tracée de haut en bas ou de bas en haut, et par le fait unie d'une manière différente aux signes qui la précèdent ou qui la suivent.

Nous n'avons donc qu'à attribuer à chaque consonne son signe distinctif, et dans ce choix nous serons guidés, d'une part, par la facilité du tracé, et, d'autre part, par l'analogie de certaines consonnes entre elles. De telle sorte que nous représenterons (*fig.* 1) :

be-pe, par une ligne oblique de *haut en bas* et de droite à gauche ;
de-te, par une verticale tracée de *haut en bas ;*
ve-fe, par une oblique de *haut en bas* et de gauche à droite;
me, par une ligne à peu près verticale tracée de *bas en haut ;*
ne, par une ligne très-oblique de *bas en haut* et de gauche à droite ;
se, par une ligne horizontale;
le, par un demi-cercle à convexité supérieure ;
re, par un demi-cercle à convexité inférieure;
gue-ke, par un demi-cercle à convexité gauche ;
je-che, par un demi-cercle à convexité droite.

Disons immédiatement que pour la régularité et la netteté du tracé de ces signes, ainsi que des signes sténographiques en général, il importe d'écrire à la plume et non au crayon, et de tenir la plume comme pour l'écriture ronde. C'est une habitude dont il ne faut jamais se départir.

Maintenant que nous connaissons les signes élémentaires ou lettres simples, nous allons en faire dériver toute la série des signes synthétiques, lettres doubles et multiples.

SIGNES SYNTHÉTIQUES.

En tête de la série des signes synthétiques se placent tout naturellement les lettres doubles, c'est-à-dire les lettres qui représentent à elles seules deux consonnes.

Lettres doubles.

Pour obtenir un système complet de lettres doubles, il s'agit de faire dériver d'un signe élémentaire, l'horizontale *se* par exemple, autant de signes connexes et cependant distincts qu'il en faut pour représenter l'association de *se* avec les dix consonnes fondamentales.

Voyons donc quelles modifications on peut faire subir à une ligne horizontale tout en la laissant subsister.

Une première modification sera relative à la position de cette ligne au-dessus ou au-dessous de la ligne fictive de l'écriture qu'on se représente parfaitement, bien qu'elle ne soit pas tracée.

Une seconde modification consiste dans la dimension ; ainsi la longueur normale du signe étant de 5 millimètres, on peut doubler cette longueur ou la diminuer de moitié.

En appuyant sur la plume pendant le tracé du signe, on obtient un signe renforcé qui diffère également du signe primitif.

Dans les modifications précédentes nous avons toujours une simple ligne horizontale ; mais à cette ligne nous pouvons ajouter un crochet ou une boucle, et ce crochet ou cette boucle peuvent être tournés soit en haut soit en bas. La boucle elle-même peut avoir la dimension moyenne d'un millimètre de diamètre ou avoir une dimension double.

La ligne ainsi modifiée par l'addition d'un crochet ou d'une boucle sera à son tour susceptible de changements de position, de longueur et de renforcement.

Une dernière modification d'une exécution facile et que nous pratiquons depuis longtemps consiste dans le renforcement de la boucle à son origine.

Nous allons déterminer maintenant, en prenant l'expérience pour guide, quels sont parmi ces signes dérivés ceux qui devront former des lettres doubles, et ce que nous aurons fait pour une lettre s'appliquera exactement à toutes les autres.

Deux remarques préliminaires sont nécessaires.

La première, c'est que nous considérerons comme lettre double la consonne accompagnée d'une voyelle nasale, *mon*, *ron*, par exemple. La part que prend la lettre *n* à la représentation grammaticale du son nasal nous y autorise.

La seconde, c'est qu'on peut sans inconvénient affecter le même signe à quelques lettres doubles qui offrent entre elles une certaine analogie, telles que *seme* et *sene*, *seje* et *seke*, qui répondent au *g* doux et au *g* dur.

Cela posé, convenons que (*fig.* 2) :

1° Tout signe de consonne de longueur double est censé suivi de la lettre *be-pe*; ainsi l'horizontale *se* ayant une longueur double représentera *sebe-sepe*.

2° Tout signe de consonne placé au-dessus de la ligne (supraposition) est censé suivi des lettres analogues *je-che*, *gue-ke*. Ainsi l'horizontale *se* en supraposition représentera *seje-seche*, *segue-seke*.

3° Tout signe de consonne placé au-dessous de la ligne (infraposition) est censé suivi de la lettre *ve-fe*. Ainsi l'horizontale *se* en infraposition représentera *seve-sefe*.

Nous avons déjà trois lettres doubles, poursuivons :

4° Le signe élémentaire *se* additionné d'un crochet nous donnera les doubles lettres *sere* si le crochet est en bas, *sele* s'il est en haut.

5° Additionné d'une petite boucle regardant en bas, il sera affecté à la consonne suivie d'un son nasal *san*, *sin*, *son*, etc.

Si la boucle est grande, il sera affecté aux doubles lettres analogues *seme, sene*. A la rigueur on pourrait donner à *seme* une boucle un peu plus grande qu'à *sene*, mais la pratique démontre qu'on peut se passer de cette distinction.

6° Si la petite boucle, au lieu de regarder en bas, regarde en haut, nous aurons la double lettre *sese*; enfin la direction restant la même, mais la boucle ayant doublé, nous aurons la double lettre *sete*.

De la sorte, nous avons un signe pour toutes les lettres doubles résultant de l'union de la consonne *se* avec les consonnes fondamentales.

De la même manière et suivant les mêmes données nous formerons des lettres doubles avec toutes les consonnes; leurs signes, en effet, lignes droites ou lignes courbes, sont tous susceptibles des mêmes modifications de position, de longueur, de crochets, de boucles que l'horizontale *se*.

Une seule différence est relative à l'addition du crochet aux lignes courbes. Ici en effet le crochet ne peut être convenablement placé que dans un sens, et le signe qui en résulte est attribué à la double lettre en *re*. Mais si nous modifions le crochet de telle sorte qu'il ait la forme d'un petit trait droit venant se réunir à la courbe sous un angle variable, nous aurons un nouveau signe parfaitement distinct et que nous affecterons à la double lettre en *le*.

Grâce à un petit nombre de combinaisons, nous avons donc un système uniforme et complet de lettres doubles dont l'étude n'exigera que de faibles efforts de mémoire.

Lettres multiples.

Les lettres doubles sont à leur tour susceptibles d'un certain nombre de modifications de position, de longueur, de renforcement, qui, ajoutant à leur valeur, en feront des lettres multiples.

2

Modifications de position. — Prenons pour exemple les neuf lettres doubles que nous avons formées avec l'horizontale *se*. Sept d'entre elles sont sur la ligne de l'écriture, mais nous savons que tout signe de consonne en supraposition est censé suivi des lettres, *je-che, gue-ke;* en infraposition de la lettre *ve-fe*. Appliquons donc la règle (*fig.* 3) et en écrivant au-dessus de la ligne les signes *sepe, sere, sele, san, seme-sene, sese, sete,* nous aurons les lettres triples résultant de l'addition de *je-che* ou *gue-ke* à chacune de ces lettres doubles.

En écrivant au contraire les mêmes signes au-dessous de la ligne, nous aurons les lettres triples résultant de l'addition de *ve-fe*.

Modifications de longueur. — A l'exception de *sepe*, toutes les lettres doubles dérivées de l'horizontale *se* ont la longueur moyenne. Mais nous savons que tout signe de consonne de longueur double est censé suivi de *be-pe*. Si donc nous doublons la longueur de ces signes, nous aurons les lettres triples qu'on obtient en y ajoutant *be-pe*.

La règle toutefois n'est pas applicable aux lettres doubles *seche-seke* et *sefe,* placées au-dessus et au-dessous de la ligne. On pourrait en effet confondre les triples lettres ainsi formées avec celles qui ont été précédemment obtenues par la transposition de *sepe*.

Ces modifications de position et de longueur sont applicables à toutes les lettres doubles dérivées des autres signes élémentaires.

Renforcement. — Jusqu'à présent nous n'avons fait aucun usage des deux modifications qui consistent l'une dans le renforcement de la ligne seule, l'autre dans le renforcement de la boucle seule. En les appliquant nous allons donner naissance à un nouvel ordre de lettres multiples.

Renforcement de la ligne (*fig*. 4). — Nous savons que les voyelles nasales sont toujours exprimées, et nous avons vu que lorsque le son nasal est associé à la première consonne du mot, il forme avec elle une lettre double. Mais si le son nasal ne se produit qu'après la seconde consonne comme dans le mot *serrant*, nous l'indiquerons par le renforcement du signe *sere*. Et comme toutes les lettres doubles dérivées de l'horizontale *se* peuvent être renforcées, nous nous trouverons en mesure d'indiquer qu'une nasale s'y associe.

Les doubles lettres renforcées sont comme les doubles lettres ordinaires susceptibles de modifications de position et de longueur. Nous leur appliquerons donc les mêmes règles qu'à celles-ci, en exceptant toutefois les signes *sechan-sekan* et *sefan*. On pourrait en effet confondre les lettres multiples obtenues en les doublant de longueur avec celles qui résultent de la transposition de *sepan*.

Le signe élémentaire *me* et ses dérivés sont les seuls auxquels le renforcement ne soit pas applicable, en raison de leur tracé de bas en haut dans une direction presque verticale.

Excepté ce signe, sur lequel nous reviendrons, tous les autres signes de consonnes sont susceptibles de renforcement et, par conséquent, peuvent donner naissance, comme les dérivés de *se*, à des lettres triples et quadruples.

Loi des incompatibilités. — Voici le moment de faire une remarque relative aux doubles lettres formées par l'union d'une consonne et d'une nasale, telles que *ran, san*, etc.

Et d'abord constatons que dans la langue française on

ne trouve pas de mots dans lesquels un son nasal succède immédiatement à un autre son nasal; une consonne existe toujours entre eux; exemple: *ren-d-on, ran-s-on.*

Par suite il n'y aurait pas lieu d'appliquer le renforcement à ces doubles lettres.

Supposons cependant que nous renforcions le signe *ran,* qui commence les mots *rendons, rançon:* cette modification indiquant la présence d'une nasale à la suite de la double lettre, nous devrions lire *ran-on.* Mais une pareille dissonnance est incompatible avec le génie de notre langue; il faut une consonne entre les deux nasales. Convenons alors qu'en présence d'une pareille incompatibilité nous restituerons entre les nasales une des deux lettres *se* ou *te,* de sorte que le signe *ran,* modifié par le renforcement, pourra se traduire *rendon* ou *ranson.*

Mais pourquoi *se* ou *te* préférablement à toute autre consonne?

Voici l'excellente raison qu'en donne M. Hippolyte Prevost dans son *Manuel de Sténographie.* « C'est, dit-il, parce que ces deux lettres jouent un grand rôle dans la liaison de la plupart des mots à leur racine. Ce sont ces deux lettres qui constituent les participes passés et les supins de la langue latine : *amare, amatus, amatum; pati, passus, passum; deprimere, depressus, depressum;* et en français : *amativité, compréhension, sensible, contempteur, répulsion.*

» Ainsi l'*s* et le *t,* servant à souder à leur racine constitutive les dérivés nombreux, méritaient cette faveur spéciale.

» On retrouve encore cet *s* et ce *t* comme instrument de conjugaison : *faire, que je fasse, faites.* »

Il est d'ailleurs beaucoup d'autres circonstances où, en raison d'incompatibilités de diverse nature, nous devrons intercaler l'*s* ou le *t ;* nous y reviendrons en temps opportun.

Renforcement de la boucle (*fig.* 5). — Le seul énoncé de cette nouvelle modification indique qu'elle n'est applicable qu'aux doubles lettres bouclées ; ce sont pour les dérivées de *se* : *san, seme-sene, sese, sete*.

On peut formuler ainsi la règle de cette modification : *Le renforcement de la boucle tiendra lieu du signe* re *toutes les fois que ce signe devra se trouver à la suite de la double lettre.*

Soit par exemple le mot *saturation*, au lieu de faire suivre le signe *sete* du signe *re*, on renforcera la boucle et l'on obtiendra de cette façon la triple lettre *setere*. Il suffira d'ajouter à ce signe celui de la finale *ation* pour avoir écrit le mot tout entier.

Le renforcement de la boucle est applicable à toutes les doubles lettres bouclées sans exception. Les lettres triples qui en résultent sont, comme leurs génératrices, susceptibles de changements de position, de longueur et de renforcement, qui ajoutent encore à leur valeur.

Incompatibilité. — Ici se présente une nouvelle application de la loi des incompatibilités.

Elle repose sur ce fait que, dans la langue française, il n'y a qu'un petit nombre de mots, tels que *s'enrhumer, s'enrouler*, dans lesquels le son articulé *re* suive immédiatement un son nasal. Ces deux sons associés ont en effet une certaine rudesse peu conforme au génie de notre langue. Presque toujours une consonne s'interpose qui adoucit la transition, et très-souvent c'est un *t* qui vient en quelque sorte cramponner l'*r*, comme dans les mots *centre, contre, tendre*.

Cela posé, convenons que lorsque nous aurons à écrire un des mots précédents, *contre* par exemple, nous le représenterons par le signe *con* avec boucle renforcée, ce qui nous donnera *con-re*, c'est-à-dire une incompatibilité qui exige impérieusement la restitution du *t* intermédiaire.

Renforcement des lettres simples. — Nous n'avons pas encore appliqué le renforcement aux lettres simples. Cependant il y a là une ressource que nous ne saurions négliger, c'est pourquoi nous conviendrons d'attribuer à ce renforcement la valeur *re*. Lors donc que nous rencontrerons dans le corps d'un mot un signe élémentaire renforcé, *te* par exemple, nous le traduirons *tere*.

Nous nous bornons pour le moment à cette indication, nous réservant d'y revenir plus tard.

LETTRES MIXTES.

Il nous reste maintenant à nous occuper des deux consonnes *ye* et *gne*.

Elles ont un caractère mixte, avons-nous dit, et leurs signes sténographiques doivent rappeler ce caractère (*fig.* 6).

1° La lettre *y* est rangée par les grammairiens au nombre des voyelles. Cette dénomination est légitime lorsque l'*y* a le même son que l'*i*, dans le mot *système* par exemple. Mais elle cesse d'être juste lorsque l'*y* a le son de *ye*, comme dans le mot *voyage*. C'est alors une véritable consonne, formant, si l'on veut, transition avec les voyelles, mais faisant entendre un bruit articulé parfaitement distinct. Une autre preuve, c'est que très-souvent, dans l'orthographe usuelle, la consonne *ye* est indiquée par *ll* mouillées, comme dans les mots *treillage*, *pillage*.

En raison de cette dernière circonstance, nous avons cru devoir adopter pour représenter la consonne *ye* un signe analogue à celui de *l*, c'est-à-dire un demi-cercle à convexité supérieure, mais réduit de moitié dans ses dimensions.

Les modifications que nous ferons subir à ce signe se borneront aux changements de position et au renforcement.

Par sa position au-dessus de la ligne il prendra la valeur de *yeche*, *yeke*; au-dessous celle de *yefe*.

Quant au renforcement, il lui conférera comme aux signes élémentaires la valeur *re*, de sorte que *ye* renforcé sera équivalent à *yere*.

2° Le son articulé *gne* a ce rapport avec *ye*, qu'il représente comme lui une consonne de transition. Il marque en quelque sorte le passage des consonnes simples aux consonnes composées, et on retrouve en lui, mais intimement fusionnées, les deux consonnes *je*, *ne*. Nous sommes donc parfaitement autorisés à le représenter par le signe de cette double consonne, c'est-à-dire par un demi-cercle à convexité droite, augmenté d'une grande boucle intérieure.

Nous attribuerons à ce signe les mêmes modifications de position, de longueur, de renforcement de la ligne et de la boucle qu'à la double lettre *jene*, et ces modifications emporteront avec elles les mêmes changements de valeur.

La détermination de ces deux nouveaux signes complète la série des lettres consonnes.

Dès à présent, nous pourrions établir quelques-unes des lois qui régissent l'emploi des signes de consonnes. Mais il nous semble préférable d'attendre que les signes des voyelles, ainsi que ceux des désinences les plus importantes, nous soient connus.

En exposant simultanément les règles applicables aux uns et aux autres, nous gagnerons en clarté, et nous apprécierons mieux la part qu'ils doivent prendre à la formation du mot sténographique, autrement dit du *monogramme*.

SIGNES DES VOYELLES.

Nous avons déjà fait remarquer que les voyelles ne jouaient pas le rôle principal dans la constitution des mots. Tandis que les consonnes donnent à chaque mot sa physionomie propre, les voyelles ne font que nuancer cette physionomie. Or, pour reconnaître un mot, nul besoin de traduire toutes ses nuances : il suffit de noter les principales. Nous y arriverons par l'indication sommaire des voyelles initiales et par l'indication plus détaillée des voyelles finales. Dans le corps des mots, nous n'indiquerons positivement que les voyelles nasales.

Voyelles initiales.

Commençons par établir qu'il n'est réellement utile d'indiquer la voyelle initiale que dans les cas où elle forme à elle seule la première syllabe du mot, comme dans *amitié*, *é*preuve, *usage*. On peut s'en dispenser lorsque, pour former cette première syllabe, elle est doublée d'une consonne, comme dans les mots *as*périté, *ex*périence, *or*donner.

Quant aux voyelles initiales qui doivent être exprimées, elles peuvent se partager en deux groupes : d'une part les voyelles nasales, et de l'autre celles qui ne le sont pas et que l'on peut appeler les voyelles *ouvertes*.

Nous représenterons les unes et les autres par un point (*fig.* 7), avec cette différence, que, pour les nasales, le point sera placé au-dessus du signe qui commence le mot, tandis que, pour les voyelles ouvertes, il sera placé à côté.

Dans les cas rares où le mot commence par deux voyelles

comme dans *aérien*, *ouate*, *ahuri*, *huis*-clos, on emploiera les mêmes points, mais renforcés.

Voyelles nasales dans le corps et à la fin des mots.

Nous savons déjà que l'addition d'une petite boucle aux lettres simples et que le renforcement des lettres doubles indiquent la présence d'un son nasal. Mais ces moyens ne suffisent pas toujours.

Ainsi dans le mot *mélange*, comment exprimer la présence de la nasale après la double lettre *mele*, puisque celle-ci n'est pas susceptible de renforcement? Il faut de toute nécessité recourir à un signe particulier.

Celui qui se présente le plus naturellement à l'esprit (*fig*. 8) est le signe de la lettre *n*, qui dans l'écriture ordinaire entre presque toujours dans la désignation des nasales; seulement nous ne donnerons à ce signe qu'une demi-longueur.

Toutes les fois donc que, dans le corps ou à la fin d'un mot, la nasale ne pourra être indiquée par une modification du signe de la consonne, on l'exprimera par une petite *n* dirigée obliquement de bas en haut par rapport au signe qui la précède.

Remarquons cependant que le son nasal qui termine le mot est souvent précédé d'un autre son vocal formant avec lui une diphthongue, comme dans les mots *rien*, *défions*, *mécréant*, *remuant*. Il faut indiquer cette double consonnance toutes les fois qu'on le peut, et cela se fait en changeant la direction du signe.

Par conséquent le signe de la nasale simple sera toujours dirigé obliquement en haut; celui de la nasale diphthongue obliquement en bas, soit à droite, soit à gauche, suivant le plus ou moins de facilité du tracé.

Nous rattacherons tout naturellement à ces diphthongues finales, celles dans lesquelles la nasale est précédée d'un *y*, comme dans les mots pa*yant*, fu*yant*, et nous les désignerons par le même signe, mais renforcé.

Voyelles finales.

Nous venons de voir comment s'expriment les voyelles nasales à la fin des mots, il ne nous reste qu'à nous occuper des voyelles ouvertes.

Ici nous préciserons davantage, et cependant nous attribuerons une même désignation à quelques voyelles simples ou composées qui offrent entre elles une très-grande analogie. De la sorte, tous les sons vocaux qui se rencontrent à la fin des mots se rattacheront à un certain nombre de désinences principales que nous allons énumérer en indiquant en même temps leur signe sténographique (*fig.* 9) :

1° *a, ea, ia, oa, ua, as, at, ac,* se représentent par une sorte de petite virgule ajoutée au dernier signe du mot et dirigée en haut et à gauche;

2° *è, iè, ès, et,* par la même virgule dirigée en bas;

3° *u, eu, iu, us, ut, uc,* par une virgule dirigée en haut et à droite;

4° *o, ao, eo, io, uo, os, ot, oc,* par la même virgule dirigée en bas;

5° *ou, out, ous, ouc, our,* par la virgule de l'*u*, augmentée d'une virgule en sens contraire de manière à former un petit zigzag;

6° *é* par un point placé à la suite du monogramme au niveau de la ligne de l'écriture;

7° *ié, isé, ité,* par un point placé comme le précédent à la suite du monogramme, mais au-dessus de la ligne de l'écriture;

8° *i, is, it, if, ir*, par un point placé immédiatement au-dessous du dernier signe du mot;

9° *isif, itif*, par un point analogue au précédent, seulement plus éloigné du dernier signe du mot.

Voyelles finales composées.

Très-souvent on rencontre à la fin des mots une des voyelles précédentes à laquelle vient s'ajouter le son de l'*é* ouvert ou de l'*i*. Tantôt cette adjonction est immédiate, comme dans les mots conspu*é*, tra*hi*, enfou*i*; tantôt elle se fait avec interposition de l'*s* ou du *t*, comme dans les mots ram*assi*, délai*ssé*, comba*ttit*, pilo*ti*.

Nous exprimerons ces désinences par les signes des voyelles correspondantes (*fig.* 10), avec cette différence que la virgule sera bouclée à sa naissance lorsque la voyelle supplémentaire sera l'*é*, et bouclée à sa terminaison lorsque ce sera l'*i*.

Finales composées en r.

Il arrive très-souvent aussi que la consonnance *r* se combine au son de la voyelle finale, comme dans les mots dép*art*, souff*ert*, transp*ort*, tamb*our*. Nous affecterons également à ces désinences un signe qui rappelle le son vocal dominant (*fig.* 11). Ainsi nous donnerons aux terminaisons *ar* et *er*, qui ont de l'analogie dans la prononciation, un signe commun, savoir : la virgule de la finale *è*, augmentée d'une virgule en sens contraire.

La terminaison *or* sera représentée par la virgule de l'*o*, augmentée d'une virgule en sens contraire.

Quant à la terminaison *our*, nous pourrons, sans qu'il en résulte la moindre confusion, lui donner le même signe qu'à la finale *ou*.

La lettre *é* et la lettre *i* s'ajoutent souvent aux finales en *r* comme aux voyelles finales simples, et cela tantôt directement, tantôt avec interposition d'un *s* ou d'un *t*. Exemple : ré*paré*, cor*sé*, amor*cé*, repar*ti*.

Nous indiquerons cette adjonction en bouclant le signe de la finale en *r* correspondante, soit à sa naissance, soit à sa fin, selon qu'il s'agira de l'*é* ou de l'*i*.

Jusqu'ici nous n'avons attribué aucun signe aux finales en *ur*, *eur*, *ir*. On pourrait à la rigueur faire usage du signe que l'on obtient en ajoutant une virgule à celle de l'*a*, mais ce signe n'est pas suffisamment net et son tracé est difficile ; nous préférons représenter simplement ces consonnances par le signe de la lettre *r*.

FINALES ARBITRAIRES.

Les signes des finales ont pour but essentiel de désigner la nature des sons qui terminent les mots, mais ils doivent en même temps concourir à l'abréviation. C'est pourquoi nous trouverons avantage à représenter par des signes conventionnels très-simples un certain nombre de désinences qui se reproduisent fréquemment et toujours les mêmes dans des mots différents.

Comme précédemment, nous réunirons en un seul groupe les consonnances analogues qui peuvent sans inconvénient n'avoir qu'un seul et même signe (*fig.* 12) :

1° Le premier groupe est formé par les finales en *ation*, *action*, *etion*, *ection*, *ition*, *iction*, *otion*, *oction*, *ution*, *uction*, que l'on indique par une boucle venant à la fin du monogramme. Si c'est une droite qui termine le monogramme, la boucle sera placée à sa gauche ; si c'est une courbe, elle sera placée en dedans.

Se rattachant à ce groupe, nous avons les finales en

antion, *anction*, *intion*, *inction*, *ontion*, *onction*, que nous indiquerons par la même boucle, mais de grandeur double.

2° Le second groupe comprend les finales en *oin*, *oint*, *ouan*, auxquelles on affecte, comme au groupe précédent, une petite boucle, mais de sens inverse.

A ce second groupe se rattachent les finales en *oindre*, qui ont la même boucle, mais de grandeur double.

3° Le troisième groupe est constitué par les finales en *lement*, *liment*, *lissement*. On les représente par un petit trait horizontal ou vertical faisant suite au dernier signe du monogramme de façon à former avec lui un angle droit.

Convenons de plus que lorsque la lettre *m* terminera un monogramme, on pourra lui attribuer soit la valeur *me*, soit la valeur *ment*; de sorte que les désinences *sement*, *tement*, etc., seront simplement représentées par les signes *seme*, *teme*, sans renforcement.

4° Les terminaisons *sivement*, *tivement* seront indiquées également par un petit trait horizontal, mais détaché du monogramme et placé au-dessous de lui.

5° Un cinquième groupe est formé par les terminaisons en *acteur*, *ecteur*, *icteur*, *octeur*, *ucteur*, que l'on indique en ajoutant au monogramme une verticale à crochet qui rappelle la double lettre *tere*.

6° Les terminaisons en *tateur*, *tature*, *tuteur*, *sateur* seront indiquées par le signe précédent renforcé.

7° Les terminaisons en *suit*, *tuit*, par une virgule semblable à celle de l'*a*, mais trois fois plus grande.

8° Les terminaisons en *isme*, *iste*, *istre*, par un petit zigzag horizontal faisant suite au dernier signe du monogramm.

9° Les terminaisons en *ersant*, *ertion*, *artion*, par le

zigzag de la terminaison *ar-er* renforcé; celles en *orsant, ortion*, par le zigzag de *or* renforcé.

10° Viennent enfin toutes les terminaisons dérivées du grec, telles que *gramme, graphe, logue, logie, sophe, sophie, crate, cratie*, que l'on représente par la grande virgule de *suit, tuit*, bouclée à sa naissance.

TROISIÈME PARTIE.

SYNTAXE STÉNOGRAPHIQUE.

Nous sommes maintenant en possession d'un alphabet sténographique complet. Il ne nous reste plus qu'à étudier la mise en œuvre de ces éléments, autrement dit leur arrangement pour la formation du monogrammme sténographique.

Dans ce but, nous allons exposer un certain nombre de lois qui découlent naturellement de notre système de signes abréviatifs.

LIAISON DES SIGNES.

Il est à peine besoin de dire que tous les signes qui composent le monogramme doivent être unis l'un à l'autre, quelle que soit la position du signe initial. La position au-dessus ou au-dessous de la ligne n'ajoute en effet de valeur qu'à ce signe initial et ne modifie en rien les signes suivants.

Tout monogramme sera donc tracé sans lever la plume (*fig.* 13).

Il n'y a d'exception à cette règle que pour les points voyelles du commencement et de la fin des mots et pour la finale arbitraire *sivement, tivement.*

EMPLOI DES SIGNES SYNTHÉTIQUES ET DES SIGNES ÉLÉMENTAIRES.

Au commencement des mots on emploie toujours le signe le plus synthétique, lettre double, triple ou quadruple (*fig.* 14). Mais dans le corps des mots l'emploi des signes synthétiques n'est pas toujours possible.

Et d'abord, l'adjonction du crochet qui forme les doubles lettres en *le* et en *re* ne peut se faire facilement et distinctement qu'au commencement des mots.

D'un autre côté, par suite de l'union des signes entre eux, l'adjonction de la boucle au signe élémentaire ne peut plus se faire à volonté dans un sens ou dans l'autre, d'où la nécessité de la réserver pour les lettres doublées par un son nasal ou par *m* et *n*, à l'exclusion de *s* et de *t*.

Il faut enfin dans le corps des mots renoncer aux lettres doubles en *che, ke* et en *fe*.

D'où il résulte qu'au delà du premier signe synthétique il ne peut y en avoir d'autres que ceux qui sont doublés par *pe, me, ne* et par un son nasal. Ajoutons-y les lettres doublées par *re*, car tous les signes élémentaires, à l'exception de *m*, étant susceptibles de renforcement, nous aurons recours à cette modification pour indiquer que le signe est suivi de *r*.

Notons enfin qu'il est des circonstances où le monogramme devra commencer par un signe élémentaire : c'est lorsque la seconde syllabe est formée par une des consonnes *ye* ou *gne*, avec lesquelles nous n'avons pas formé de doubles lettres. Ainsi le mot *signalement* s'écrira en traçant successivement les signes *se gne lement*.

RENFORCEMENT DES LETTRES DOUBLES.

En passant en revue les modifications dont les lettres doubles sont susceptibles, nous avons vu que le renforcement de la boucle indique qu'elles sont suivies de la lettre *r*, tandis que le renforcement de la ligne indique qu'elles sont suivies d'un son nasal.

Cette modification n'est applicable qu'aux lettres doubles et nullement aux lettres triples, de sorte que toutes les fois qu'une lettre triple sera suivie d'un *r* ou d'un son nasal, il faudra les exprimer séparément.

C'est ainsi (*fig.* 15) qu'ayant à écrire le mot *satrape*, on renforce la boucle du signe *sete*, ce qui donne la lettre triple *setere;* ce signe peut lui-même être doublé de longueur et l'on a alors la lettre quadruple *seterepe*.

Si nous avons au contraire à écrire le mot *cinabre*, nous obtiendrons tout d'abord la lettre triple *senepe* en doublant la longueur du signe *sene;* mais nous devrons faire suivre ce premier signe du signe élémentaire *re*. Il est facile de comprendre en effet que si nous avions voulu renforcer la boucle du signe *senepe* pour indiquer qu'il est suivi d'un *r*, il eût été impossible à la lecture de savoir si l'*r* devait être placé après la lettre double ou après la lettre triple.

Cette confusion devait être absolument évitée, et c'est pour une raison semblable qu'étant donnés les mots *désemparer* et *dissipons*, nous exprimerons la nasale du premier par le renforcement de la double lettre *dese*, tandis que la nasale du second sera indiquée par le signe *on* venant à la suite de la triple lettre *desepe*.

3

LETTRES DOUBLES EN SUPRAPOSITION ET EN INFRAPOSITION.

Une difficulté analogue à la précédente se produit pour les lettres doubles placées au-dessus ou au-dessous de la ligne et suivies de la lettre *p*.

Supposons en effet (*fig*. 16) qu'il s'agisse d'écrire le mot *décaper*. En écrivant le signe élémentaire *de* au-dessus de la ligne nous aurons la double lettre *deke*, et il semble qu'il n'y ait plus qu'à doubler sa longueur pour avoir la triple lettre *dekepe*.

Mais supposons que nous ayons d'autre part à écrire le mot *dépêcher;* nous le ferons en traçant au-dessus de la ligne la double lettre *depe*, ce qui nous donnera la triple lettre *depeche*.

Il sera possible alors de confondre les deux mots *décaper* et *dépêcher*. Il en serait de même des deux autres mots *derechef* et *trébuchet*. C'est pour éviter cette confusion que nous posons la règle suivante :

Les lettres doubles et triples placées au-dessus ou au-dessous de la ligne ne pourront être doublées de longueur ; lorsqu'elles seront suivies de la lettre p, *on l'exprimera séparément.*

Conformément à cette règle, les deux mots *subvention* et *s'évapore* s'écriront, le premier à l'aide de la triple lettre *sepeve*, le second à l'aide de la double lettre *seve* et de la lettre simple *pe*.

SIGNES DE MÊME DIRECTION.

Lorsque dans un monogramme se rencontrent deux signes de même direction, il n'est pas possible d'indiquer cette rencontre en doublant la longueur du signe, puisque ce doublement de longueur a dans notre système une valeur déterminée.

Supposons en effet que nous ayons à écrire le mot *distillation* (*fig.* 17). Après la double lettre *dese*, nous devrons tracer séparément les deux signes *te* et *le*. Mais comme nous ne pouvons pas augmenter la longueur du signe *dese* pour indiquer qu'il est suivi de *te*, nous prendrons le parti de le diminuer de moitié, et nous ferons de même toutes les fois qu'un cas analogue se présentera, comme dans les mots *sollicite*, *succède*.

Nous pouvons donc poser cette règle, que *tout signe n'ayant qu'une demi-longueur est censé suivi d'un signe de même direction*.

Il n'y a d'exception que pour les doubles lettres en *pe*. Il est bien évident qu'ici la règle précédente n'est plus applicable, et que pour indiquer que la double lettre est suivie d'un signe de même direction, il faudra l'augmenter d'un tiers et par conséquent lui donner trois fois la longueur du signe élémentaire.

Ainsi le mot *députation* sera représenté par une ligne verticale qui aura trois fois la dimension du signe élémentaire *de*, et par la boucle finale *ation*.

INCOMPATIBILITÉS.

En étudiant la formation des triples lettres, nous avons vu une première application de la loi des incompatibilités. Dans la constitution du monogramme, nous retrouverons de nombreuses occasions d'appliquer cette loi, et nous en tirerons parti pour obtenir de nouvelles abréviations.

Les incompatibilités dont nous avons précédemment parlé peuvent être désignées sous le nom d'*incompatibi-*

lités de prononciation; il en est d'autres qui doivent être appelées des *incompatibilités de méthode.*

Nous allons étudier successivement ces deux espèces d'incompatibilités.

Incompatibilités de prononciation.

D'une manière générale on peut formuler ainsi la loi qui les régit :

Toutes les fois que les lettres s *ou* t *se trouvent interposées entre deux consonnances dont le rapprochement est incompatible avec les règles de la prononciation, on peut les supprimer s'il en résulte quelque avantage pour la rapidité du tracé.*

Prenons pour exemple (*fig.* 18) le mot *condition.* Supprimons la lettre *d* et écrivons simplement *con-ition.* Il résulte de ce rapprochement une telle dissonance, qu'à la lecture nous serons forcément amenés à restituer la lettre intermédiaire.

De même pour les mots abon*d*ant, ten*d*u, j'insiste, prononcé, commencé, len*d*emain.

Voici un autre cas. Nous avons déjà fait remarquer qu'il était très-rare que la lettre *r* suivît immédiatement un son nasal; presque toujours une autre consonne est interposée qui adoucit la transition. Or la même remarque étant applicable à la lettre *l,* lorsque nous aurons à exprimer le mot *consolation,* par exemple, nous pourrons tout simplement écrire *con-lation* en supprimant la lettre *s* qu'on restituera tout naturellement à la lecture.

Avec de l'habitude on peut même aller jusqu'à supprimer d'autres lettres interposées entre deux consonnances incompatibles, la lettre *p* par exemple, dans les mots dé*comp*osé, l'acco*mp*lissement.

Incompatibilités de méthode.

Dans d'autres circonstances les lettres *s* ou *t* peuvent être supprimées parce qu'il en résulte un rapprochement de caractères sténographiques contraire aux règles de la méthode, et que cette anomalie avertit immédiatement que quelque chose doit être restitué à la lecture.

Ces incompatibilités de méthode sont très-nombreuses, nous allons en donner quelques exemples (*fig.* 19).

Soit le mot *bandage*. Supprimons la lettre *d* et il nous reste sur la ligne de l'écriture les signes *ban-ge*. Mais si nous avions eu à écrire le mot *bange*, il eût fallu d'après la méthode écrire tout simplement le signe *ban* au-dessus de la ligne. Nous sommes donc bien forcés de restituer le *d* à la lecture.

De même pour le mot *conséquent* qui s'écrira *con-quent*, au niveau de la ligne.

D'autres fois l'incompatibilité de méthode permet, non de supprimer un signe, mais de substituer à un signe dont le tracé exige un mouvement complet des doigts, un autre signe dont le tracé est beaucoup plus facile et beaucoup plus rapide.

C'est ainsi (*fig.* 20) que pour écrire le mot *prudent*, nous ferons suivre le signe *pere* du signe *an* au lieu du signe *tan*.

Ici la violation de la méthode tient à ce que, si nous avions réellement à écrire le mot *pere-an*, nous le ferions à l'aide du signe *pere* renforcé.

Dans le mot *présent*, au contraire, nous n'aurons aucun avantage de rapidité à substituer le signe *an* au signe *san;* nous écrirons donc les deux signes *pere* et *san*.

Ajoutons, pour montrer jusqu'où peut aller l'application des incompatibilités, que du moment où nous sommes convenus d'écrire *prudent* par les signes *pere an*, nous pourrons dans le mot *précédent* supprimer le *c* et écrire simplement les signes *pere dan*.

Citons un autre cas dans lequel l'incompatibilité de méthode permet de substituer à un signe un autre signe d'un tracé plus facile et plus rapide.

Soit le mot *restauration :* selon les règles de la méthode il devrait s'écrire à l'aide des signes *rese tere* (*t* renforcé) et *ation*. Eh bien, au signe *tere*, nous pouvons substituer un *r* simple d'un tracé facile, ce qui nous donnera le mot *reseration* qui, d'une manière correcte, devrait être écrit à l'aide du signe *rese* avec boucle renforcée.

De ce que nous venons de dire il résulte que dans l'application des incompatibilités il n'y a rien d'absolu. Il est tel cas en effet où l'on ne gagne à peu près rien en rapidité et où l'on peut les négliger; il en est d'autres, au contraire, où elles abrégent notablement le tracé du monogramme.

Par la pratique, chaque sténographe arrivera bientôt à discerner les cas dans lesquels il devra appliquer la loi et ceux dans lesquels il devra la négliger.

Quoi qu'il en soit, nous pouvons le redire en toute confiance, il y a là un nouveau et très-important moyen d'abréviation.

VOYELLES ET DIPHTHONGUES FORMANT UNE SYLLABE MÉDIANE.

Il est un certain nombre de mots, tels que p*éage*, naïveté, co*hé*rent, ré*a*lité, dans lesquels deux syllabes articulées sont séparées par une autre syllabe formée d'un simple son vocal.

Il serait important, on le comprend, d'indiquer cette syllabe médiane.

Nous y parviendrons en exprimant à l'aide des signes élémentaires les consonnes séparées par la voyelle syllabe (*fig.* 21). Ainsi nous écrirons le mot pé*a*ge à l'aide d'un *p* et d'un *g*, etc.

La présence insolite de deux signes élémentaires l'un à la suite de l'autre nous indiquera qu'il y a lieu de restituer une voyelle intermédiaire.

D'autres fois, au lieu d'un simple voyelle intermédiaire, c'est un son vocal composé, une diphthongue, comme dans les mots vo*y*age, lo*y*ale, fai*ll*ible. Ici, à la vérité, nous pourrions exprimer cette diphthongue par la lettre *ye* qui, ainsi que nous l'avons dit, forme transition entre les voyelles et les consonnes. Mais nous pouvons également et plus rapidement indiquer cette diphthongue en écrivant les deux signes élémentaires l'un à la suite de l'autre.

Ainsi nous écrirons le mot vo*y*age à l'aide des deux signes *ve* et *je*, et de cette façon nous réaliserons une nouvelle abréviation.

FINALES.

Relativement à l'emploi des finales, la seule règle paraît devoir être celle-ci :

Toutes les fois qu'à la fin d'un mot il y aura lieu d'employer une des finales que nous avons indiquées, il faudra le faire.

C'est en effet ce qui doit se pratiquer d'une manière générale. Ainsi toutes les fois qu'un mot est terminé par une voyelle simple, par une diphthongue simple, par une diphthongue nasale, par une finale arbitraire, il faut employer le signe final.

Mais, parmi les différents signes de finales que nous avons énumérés, il en est quelques-uns dont le but est autant d'augmenter la rapidité du tracé que de faciliter la lecture. Ce sont particulièrement les signes des finales en *ar, er, or, our, aré, ari*, etc. On conçoit donc que si l'on rencontre des mots ayant cette désinence et qu'il soit possible de les écrire plus rapidement à l'aide des signes synthétiques, il faudra le faire.

Soit, par exemple (*fig.* 22), le mot *père;* au lieu de l'écrire à l'aide du signe *pe* et de la finale *er*, nous l'écrirons simplement à l'aide de la double lettre *pere*.

Soit encore le mot *pari;* au lieu de l'écrire à l'aide du signe *pe* et de la finale *ari* (zigzag bouclé à son extrémité) nous l'écrirons plus simplement à l'aide de la double lettre *pere* et de la finale *i*.

Mais supposons que nous ayons à écrire le mot *pierre*. Ici nous avons une voyelle interposée entre deux syllabes, *pi, re;* nous trouverons un moyen de l'indiquer en écrivant ce mot à l'aide du signe *pe* et de la finale *er*.

Enfin supposons que nous ayons à écrire le mot *parti*. Ici l'emploi de la finale *arti* donne un tracé plus rapide, et au lieu d'écrire ce mot à l'aide des signes *pere te i*, nous l'écrirons à l'aide du signe *pe* et de la finale *arti*.

Sauf les exceptions que nous venons de signaler, il y aura toujours bénéfice, et sous le rapport de la rapidité et sous le rapport de la lecture, à employer les signes des finales toutes les fois que l'occasion s'en présentera.

VOYELLES ET DIPHTHONGUES ISOLÉES.

Il y a dans la langue française un certain nombre de mots qui ne font entendre à l'oreille qu'un simple son vocal, tels sont les mots *a, ah, aie, oh, aux, eu, y, en, on, un*, etc.

D'autres font entendre un son vocal plus complexe, tels sont les mots *ou, oui, ian* (pour *il y en*), *ayant, ohé*, etc.

Nous attribuerons à ces voyelles ou diphthongues isolées les mêmes signes qu'aux finales similaires, et nous écrirons ces signes soit sur la ligne, soit au-dessus, soit au-dessous, suivant la position qu'ils occupent dans le monogramme relativement au dernier signe.

C'est ainsi que nous exprimerons (*fig.* 23) :

1° *a, ah* par une petite virgule regardant à gauche et placée au-dessus de la ligne; et, par extension : *assez*, à l'aide du même signe bouclé en bas; *assis*, à l'aide du même signe bouclé en haut;

2° *aie, haie*, par la même virgule placée au-dessous de la ligne; *été* par ce même signe bouclé en haut;

3° *eu*, par une petite virgule regardant à droite et placée au-dessus de la ligne; *usé*, par le même signe bouclé en bas; *huis*, par le même signe bouclé en haut;

4° *au, aux, oh*, par la virgule précédente placée au-dessous de la ligne; *osé* par le même signe bouclé en haut; *aussi*, par le même signe bouclé en bas;

5° *ou*, par le signe de la finale *ou* placé au-dessus de la ligne; *oui*, par ce même signe bouclé à sa partie supérieure et de haut en bas;

6° *an, on, un* par un petit *n*; *yan, huant* par le signe de cette finale, c'est-à-dire par une petite ligne oblique de gauche à droite; *ayant, ayons*, par ce même signe renforcé;

7° *y* pourrait être indifféremment représenté par un point ou par le signe *ye* : nous donnons la préférence à ce dernier, réservant le point pour les signes arbitraires dont nous allons maintenant nous occuper.

QUATRIÈME PARTIE.

MOYENS ARBITRAIRES.

Nous pourrions nous arrêter ici, car à l'aide de notre alphabet sténographique et des règles qui dirigent son emploi, tous les mots de la langue française peuvent être exprimés d'une manière très-rapide.

Mais ce n'est point chose facile que de transcrire mot pour mot une parole précipitée, et pour obtenir ce résultat aucun moyen ne doit être négligé.

Aussi tous les sténographes de profession emploient-ils un plus ou moins grand nombre de signes arbitraires ; quelques-uns les comptent par centaines.

Nous croyons qu'il peut être dangereux d'exagérer en ce sens et de trop compter sur une mémoire quelquefois infidèle ; mais nous sommes loin de condamner l'usage, et nous allons énumérer un certain nombre de cas dans lesquels ces moyens nous paraissent véritablement utiles.

MONOSYLLABES.

Il est quelques monosyllabes, articles ou pronoms, qui se reproduisent pour ainsi dire à chaque instant dans le discours, de sorte qu'il y a réellement avantage à les traduire par un signe plus rapide que celui de la consonne qui entre dans leur composition. Aussi conviendrons-nous de représenter ces mots :

le, la, les, article ou pronom, par un point isolé sur la ligne ;

de le, de la, de les, par le même point au-dessus de la ligne ;

à le, à la, à les, par le même point au-dessous de la ligne.

Disons même que, dans beaucoup de circonstances, on pourra se dispenser d'exprimer l'article. Ainsi, dans cette phrase : « Je prie le Sénat de permettre la lecture », on peut sans le moindre inconvénient se borner à écrire : « Je prie Sénat de permettre lecture ».

Dans cette autre phrase : « Il importe au maintien de la paix », on écrira simplement : « Il importe au maintien paix », sans que cette suppression gêne en rien la lecture.

Les pronoms *il, elle* seront le plus souvent représentés par la lettre simple *l* (*fig.* 24), mais il est des cas où ils sont en quelque sorte soudés au verbe qui précède comme dans *dit-il, dit-elle, s'écria-t-il, s'écria-t-elle.* Dans ce cas, nous conviendrons de représenter les pronoms *il, elle* avec ou sans le *t* euphonique, par un petit signe semblable à l'accent aigu de l'écriture ordinaire, placé immédiatement au-dessous du dernier trait du monogramme.

La conjonction *et* pourrait s'exprimer par le signe isolé de la finale *è*, mais il est plus rapide de la représenter par la lettre simple *t*, d'autant que lorsque les deux monosyllabes *et de* se trouvent réunis (*et de*), ce qui est fréquent, on les exprime par le même signe réduit de moitié, réduction qui dans notre système indique la rencontre de deux signes ayant même direction.

Terminons nos remarques sur les monosyllabes en disant que lorsque la préposition *de* précède un article dont la voyelle finale s'élide devant la voyelle initiale du mot suivant, comme dans *l'état, l'homme,* on peut parfaitement considérer ces trois mots comme n'en formant qu'un seul et écrire *delétat, delomme.*

UNION DES MONOGRAMMES.

Lorsqu'on veut apprécier les causes qui rendent si difficile la traduction intégrale d'une parole rapide, même à l'aide du meilleur système de sténographie, voici ce que l'on constate.

S'il s'agit d'un mot isolé, du mot *contravention* par exemple, l'écriture est aussi rapide, plus rapide même que la parole.

Mais, dans le discours, les mots ne sont pas isolés, et si nous avons pu définir le mot en disant qu'il est caractérisé par l'*émission successive et non interrompue de sons vocaux simples et de sons articulés,* il faut reconnaître que cette définition n'est réellement applicable qu'au mot pris isolément.

Dans le discours, en effet, il n'est pas rare d'entendre prononcer quinze ou vingt mots de suite, sans que l'oreille puisse saisir entre eux le moindre intervalle. Et c'est là bien certainement ce qui constitue l'infériorité de la notation sténographique à l'égard de la parole; car, tandis que dans le discours les mots sont liés les uns aux autres, dans l'écriture ils sont tous séparés. Il en résulte nécessairement un temps d'arrêt dans les mouvements des doigts qui correspondent aux mouvements non interrompus des organes de la parole, et par suite un avantage considérable pour cette dernière.

Aussi chercherons-nous à remédier dans une certaine

mesure à cette infériorité en unissant quelques monogrammes entre eux, lorsque cette union pourra se faire sans apporter d'obstacles sérieux à la lecture.

C'est ainsi (*fig.* 25) que toutes les fois qu'il se présentera plusieurs monosyllabes successifs pouvant s'exprimer chacun par un signe simple, comme dans ces membres de phrase : *ce qui se peut, tout ce que l'on dit*, il ne faudra pas omettre de lier ces signes les uns aux autres.

A l'aspect du signe composé formé par leur union, on jugera facilement qu'il contient plusieurs signes qui auraient dû être écrits séparément, mais qu'il est facile de restituer.

On peut dire sans aucune exagération que les signes ainsi réunis sont tracés deux fois plus vite que s'ils étaient séparés. Aussi, toutes les fois que deux mots unis ou non par un trait d'union concourent à former un mot composé comme les mots *chef-d'œuvre, procès-verbal, Conseil d'État*, faut-il les considérer comme ne constituant qu'un mot unique, et ne devant former qu'un seul monogramme. Il en sera de même des mots *nous nous, vous vous, nous n'avons, vous avez*, etc.

On peut même aller plus loin dans cette voie et réunir en un seul mot, par la suppression de la préposition ou de la conjonction intermédiaire, ces mots : *cour de cassation, ponts et chaussées, projet de loi, ville de Paris*, etc., et écrire : *courcassation, pontschaussées, villeparis*.

MOTS ARBITRAIRES. — STÉNOGRAPHISMES.

Il est des mots d'un tracé relativement long et qui se représentent si souvent dans le discours, que l'on sent bientôt la nécessité de leur attribuer un signe simple et plus rapide.

Plusieurs procédés sont applicables à la formation de ces signes arbitraires (*fig.* 26).

Dans quelques cas, mais rarement, ce seront des signes que l'on pourrait appeler signes de fantaisie, tels sont ceux que nous attribuons à ces locutions, *pour ainsi dire, fin de non-recevoir, et cætera, tout le monde, de plus en plus, c'est-à-dire, public,* etc.

Le plus souvent, au contraire, le signe rappellera quelques-uns des éléments du mot lui-même, ainsi qu'on peut le voir dans les signes arbitraires que nous attribuons aux mots : *ministre, ministère, administration, corps législatif, pouvoir judiciaire, gouvernement, ressource, principe, général,* etc.

Dans d'autres cas enfin on procède par sténographismes, c'est-à-dire que l'on n'écrit que le commencement et la fin d'un ensemble de mots tels que ceux-ci : *ministre des affaires étrangères, ministre de la guerre,* etc.

Qu'il nous suffise de donner ici ces quelques indications : chaque sténographe parviendra facilement à se mettre dans la mémoire et dans la main un certain nombre de signes arbitraires qui lui rendront de réels services. Toutefois, répétons-le, il faut se garder de l'excès et ne point oublier que les meilleurs signes arbitraires sont formés par les éléments du mot lui-même. Les signes arbitraires des mots *gouvernement, ressource* en donnent un exemple puisqu'ils consistent dans un *g* et dans un *r* renforcés, et que le renforcement d'un signe élémentaire lui ajoutant la valeur *re*, nous retrouvons dans ces signes deux éléments des mots dont il s'agit.

RÉPÉTITION D'UN MEMBRE DE PHRASE, D'UN QUALIFICATIF.

Il n'est pas rare qu'un même membre de phrase se représente deux, trois, quatre fois dans la même période; rien de plus naturel que d'indiquer cette répétition par un signe arbitraire. Celui que nous avons adopté est une sorte de petit *e* qui est d'un tracé rapide et que l'on pourra d'ailleurs employer toutes les fois que la même locution se reproduira dans une même phrase.

Lorsque ce n'est plus dans la même phrase, mais dans l'ensemble du discours, que se reproduit une même locution, comme par exemple : *chemin de grande communication, liberté de l'enseignement supérieur, pouvoir judiciaire, service militaire*, on se borne à ne pas la reproduire entièrement à chaque fois. Il suffit alors d'en écrire le premier mot que l'on fait suivre immédiatement d'un point ou de tel autre signe très-simple qui rappelle à l'esprit le reste de la locution.

Il arrive assez souvent aussi que, dans une phrase, les mêmes mots soient répétés, mais dans un ordre différent et de manière à former cette opposition que l'on traduit quelquefois par les mots, et *vice versâ*. Nous indiquerons cette répétition de mots intervertis par une petite croix.

NOMS PROPRES. — MOTS ÉTRANGERS.

Lorsque les noms propres sont connus, on les écrit simplement d'après les règles de la méthode et l'on coupe d'un trait le monogramme, ou bien on le souligne afin d'indiquer que c'est un nom propre.

On fera de même pour les mots empruntés à des langues étrangères

Mais si le nom propre est inconnu et si l'on craint de ne pas se le rappeler suffisamment, on pourra écrire séparément chacune des syllabes du mot, exprimer ainsi les voyelles médianes et souligner le tout. A la rigueur même on pourrait se servir de l'écriture ordinaire.

Mais, en général, ce qu'il y a de mieux, c'est d'être instruit, de faire appel à sa mémoire et de suppléer ainsi à ce que la notation sténographique peut avoir d'insuffisant en pareil cas.

NUMÉRATION STÉNOGRAPHIQUE.

Les chiffres arabes pouvant être considérés comme autant de signes sténographiques arbitraires, nous les conserverons d'autant plus volontiers qu'ils sont connus de tout le monde, et que grâce aux principes de la numération décimale, on écrit presque tous les nombres avec une assez grande rapidité.

Néanmoins il est possible d'abréger encore la représentation de certains nombres à l'aide des conventions suivantes (*fig.* 27) :

1° Jusqu'à 9 on emploie exclusivement les chiffres ordinaires, mais de 10 à 19 il y a bénéfice à écrire le nombre en caractères sténographiques ;

2° A partir de 20 on reprend les chiffres ordinaires ; mais toutes les fois qu'on a un nombre rond de dizaines, de centaines, de mille, de millions, de milliards, au lieu de faire suivre le chiffre d'un plus ou moins grand nombre de zéros, on indique qu'il s'agit de dizaines en écrivant le chiffre au-dessous de la ligne, de centaines en le renforçant, de mille en mettant un point au-dessous, de millions en mettant également au-dessous un petit trait, de milliards en mettant ce petit trait au-dessus.

3° Toutes les fois que dans l'énoncé d'un nombre il entre un ou plusieurs zéros compris entre d'autres chiffres, comme dans 2,005 par exemple, on remplace les zéros par des points et l'on écrit 2..5.

4° Enfin lorsque dans l'expression d'un nombre le même chiffre est répété deux fois de suite, comme dans 55, on l'indique en coupant ce chiffre par un trait, ou par deux s'il est répété trois fois, comme dans 555.

CONCLUSION.

Nous pouvons nous demander maintenant à quel résultat doit conduire l'étude de ce nouveau système de Sténographie.

Réunit-il les deux conditions premières de tout bon système? Est-il possible lorsqu'on le connaît d'égaler la rapidité de la parole; est-il possible ensuite de se relire facilement?

S'il ne s'agissait que de combinaisons purement spéculatives, j'hésiterais à répondre par l'affirmative. Heureusement la fantaisie n'est pour rien dans tout ceci; à aucun moment en effet nous n'avons abandonné le terrain de la pratique, toutes les combinaisons sur lesquelles repose notre système ont reçu la sanction de l'expérience, et il ne saurait désormais rester dans notre esprit le moindre doute sur leur valeur.

Je l'affirme donc sans aucune hésitation, la méthode sténographique que nous venons d'exposer est d'une exécution à la fois simple et rapide, et de plus elle permet de se relire facilement.

J'oserais presque dire qu'on se relit plus facilement que dans les autres systèmes, pour cette bonne raison que les signes représentatifs de chaque mot étant d'un tracé moins compliqué sont par le fait même moins sujets à déformation. Or, tous les sténographes le savent, ce qui fait la principale difficulté de la lecture, c'est la déformation des signes.

En vain prétendrait-on que notre système doit être d'une lecture plus difficile, par cela seul qu'il est très-synthétique.

Est-ce que par hasard les signes que nous employons ne reproduiraient pas tous les éléments essentiels des mots? Et d'ailleurs l'expérience n'est-elle pas là qui nous autorise à maintenir qu'on ne se trompe presque jamais à la lecture lorsqu'on a correctement écrit et qu'on s'aide en homme intelligent du sens de la phrase.

Est-ce à dire pourtant que l'on doive atteindre de suite la perfection et devenir expert en Sténographie après deux ou trois mois d'exercices. Telle n'est point ma pensée.

Il s'agit en effet de bien autre chose que d'acquérir la connaissance théorique du système. Cette étude est relativement facile, mais la pratique est entourée de nombreuses difficultés.

On y rencontre d'abord un côté purement graphique qui mérite la plus sérieuse attention. Dès le début, il faut s'habituer à tracer très-correctement les différents signes, à leur donner exactement la forme, la longueur et la direction voulues. Négliger ce soin, c'est compromettre le succés, car, nous le répétons, la facilité de la lecture dépend d'abord et surtout de la régularité des caractères sténographiques, et il faut une longue habitude pour que la main réussisse à les figurer vite et bien.

Une autre difficulté pratique est celle-ci : La Sténographie, nous l'avons dit dès le début, repose en partie sur des conventions de langage. Mais on ne s'habitue pas dès le premier jour à opérer sur chaque mot la simplification qu'il comporte. C'est à la longue seulement qu'on s'approprie cette espèce de prononciation sténographique par laquelle on ne laisse subsister dans un mot que ses éléments indispensables, son ossature, pour ainsi dire.

Il faut du temps également pour arriver à saisir de suite, tantôt les associations de consonnes qui réclament l'emploi de tel ou tel signe synthétique, tantôt les occasions d'appliquer les différentes règles d'incompatibilité, etc., etc. L'esprit doit se rompre à cette gymnastique, et cela demande encore du travail et de la patience.

En résumé, pour être bon Sténographe, il faut en venir à ce point d'écrire correctement chaque mot sans être obligé de réfléchir à ce qu'on écrit. Il doit en être de même qu'avec l'écriture ordinaire, lorsqu'il arrive d'écrire une dictée d'une façon pour ainsi dire mécanique et en songeant à toute autre chose. Mais pour atteindre ce degré de facilité dans l'exécution, il faut être depuis longtemps familiarisé avec son instrument, et les bons artistes ne s'improvisent pas.

Si j'osais faire une comparaison, je dirais qu'il en est du Sténographe comme du pianiste. Voyez en effet combien les débuts de ce dernier sont pénibles. La lecture des notes de la main droite d'abord, puis des notes de la main gauche ; l'exécution de ces notes, le doigté, la mesure, les nuances, sont autant d'opérations difficiles et compliquées. Mais grâce à l'étude, toutes ces opérations que l'élève était obligé de décomposer, de prendre une à une, voilà que devenu maître il les exécute toutes à la fois, souvent à première vue, avec une précision et une rapidité merveilleuses.

Pour le Sténographe, ce sont à peu près les mêmes épreuves. Il saisit d'abord péniblement les diverses asso-

ciations de consonnes; il hésite sur l'emploi ou sur le tracé
de tel ou tel signe, chaque mot nécessite un nouvel effort;
mais petit à petit, et à la suite d'exercices répétés, il voit
l'action mécanique se substituer à l'acte réfléchi, et il de-
vient enfin maître dans son art.

Il me paraît surtout important de prémunir ceux qui
commencent l'étude de la Sténographie contre le découragement qu'ils éprouveront inévitablement à leurs premières
tentatives de lecture.

Voici comment les choses se passent d'ordinaire. On est
satisfait de ses progrès, on se sent déjà d'une certaine force,
et l'on se hasarde à prendre quelques notes en Sténographie.
Le plus souvent on n'y éprouve pas trop de difficultés, mais
lorsqu'il s'agit de se relire, désenchantement complet : ce
sont des hiéroglyphes indéchiffrables. Si malheureusement
on s'abandonnait au découragement qui accompagne ces
premières épreuves, on serait tenté de renoncer pour toujours à l'étude de la Sténographie.

Mais ici comme en toutes choses, la patience et la per-
sévérance font merveille. Bientôt en effet les hésitations
disparaissent; après avoir été obligé de décomposer chaque
signe en ses éléments constitutifs, d'épeler en quelque sorte,
on arrive à reconnaître la valeur d'un monogramme à son
seul aspect et à se relire presque aussi facilement que s'il
s'agissait d'écriture ordinaire.

Enfin il est une question qu'on entend à chaque instant :
Combien faut-il de temps pour apprendre la Sténographie?

Impossible de donner une réponse précise. Cela dépend,
comme toujours, du travail et de l'aptitude.

Il me semble cependant qu'en moyenne une année suffit
pour acquérir une certaine force, à la condition toutefois
d'être pour ainsi dire constamment préoccupé de cette
étude. Cela veut dire que lorsqu'on s'est pénétré de la

théorie, et la chose est facile, on ne doit négliger aucune occasion de l'appliquer.

Ainsi non-seulement on traduira, en s'ingéniant à le faire correctement, quelques pages de livres traitant de sujets différents; non-seulement on prendra toutes ses notes en Sténographie de façon à être obligé de les relire, mais encore il faudra faire une sorte de Sténographie mentale en se représentant les signes qu'il faudrait employer pour traduire tel ou tel mot qui se présente dans la lecture ou dans la conversation. Il faut en un mot par tous les moyens possibles se rompre à la pratique de la Sténographie.

Mais quel que soit le temps qu'on donne à cette étude on peut avoir la certitude d'être récompensé de ses efforts et de regagner au centuple les heures qu'on y aura consacrées.

Aux uns en effet la pratique habituelle de la Sténographie fournira des moyens honorables d'existence; à tous elle viendra puissamment en aide dans l'exercice des professions libérales.

EXEMPLE DE STÉNOGRAPHIE.

Nous terminerons par la traduction sténographique du discours de Mirabeau sur la Banqueroute (*fig.* 28).

En choisissant ce morceau oratoire d'une certaine étendue, nous avons voulu donner un complément pratique à la théorie, montrer comment s'appliquent les règles de la méthode et fournir les moyens d'apprécier les ressources abréviatives qu'elle comporte.

Nous accompagnons chaque monogramme du mot qu'il représente en écrivant le mot tel qu'on doit le prononcer mentalement avant de l'écrire et en le marquant de lettres italiques lorsqu'il a un signe arbitraire.

Enfin pour plus de clarté nous indiquons par des points la ligne fictive de l'écriture.

DISCOURS DE MIRABEAU SUR LA BANQUEROUTE.

« Au milieu de tant de débats tumultueux, ne pourrai-je donc vous ramener à la délibération du jour par un petit nombre de questions bien simples? Daignez, messieurs, daignez me répondre. Le ministre des finances ne vous a-t-il pas fait le tableau le plus effrayant de notre situation actuelle? Ne vous a-t-il pas dit que tout délai aggravait le péril; qu'un jour, une heure, un instant pouvait le rendre mortel? Avons-nous un plan à substituer à celui qu'il propose? — (*Oui!*)

» Je conjure celui qui répond *Oui* de considérer que son plan n'est pas connu, qu'il faut du temps pour le développer, l'examiner, le démontrer; que fût-il immédiatement soumis à notre délibération, son auteur a pu se tromper; que fût-il exempt de toute erreur, on peut croire qu'il ne l'est pas; que quand tout le monde a tort, tout le monde a raison; qu'il se pourrait donc que l'auteur de cet autre projet, même ayant raison, eût tort contre tout le monde, puisque sans l'assentiment de l'opinion publique le plus grand talent ne saurait triompher des circonstances.

» Et moi aussi je ne crois pas les moyens de M. Necker les meilleurs possibles; mais, le ciel me préserve, dans une situation si critique, d'opposer les miens aux siens! Vainement je les tiendrais pour préférables : on ne rivalise point en un instant une popularité prodigieuse, conquise par des services éclatants, une longue expérience, la réputation du premier talent de financier connu, et, s'il faut tout dire, une destinée telle qu'elle n'échut en partage à aucun mortel. Il faut donc en revenir au plan de M. Necker. Mais avons-nous le temps de l'examiner, de sonder ses bases, de vérifier ses calculs? Non, non, mille fois non! D'insignifiantes questions, des conjectures hasardées, des tâtonnements infidèles : voilà tout ce qui dans ce moment est en notre pouvoir. Qu'allons-nous donc faire, par le renvoi de la délibération? Manquer le moment décisif, acharner notre amour-propre à changer quelque chose à un plan que nous n'avons même pas conçu, et diminuer, par notre intervention indiscrète, l'influence d'un ministre dont le crédit financier est et doit être plus grand que le nôtre. Messieurs, certainement il n'y a là ni sagesse, ni prévoyance; mais du moins y a-t-il de la bonne foi? Oh! si les

déclarations les plus solennelles ne garantissaient pas notre respect pour la foi publique, notre horreur pour l'infâme mot de *banqueroute*, j'oserais scruter les motifs secrets et peut-être, hélas! ignorés de nous-mêmes, qui nous font si imprudemment reculer au moment de proclamer l'acte du plus grand dévouement, certainement inefficace s'il n'est pas rapide et vraiment abandonné; je dirais à ceux qui se familiarisent peut-être avec l'idée de manquer aux engagements publics, par la crainte de l'excès des sacrifices, par la terreur de l'impôt, je leur dirais : Qu'est-ce donc que la banqueroute, si ce n'est le plus cruel, le plus inique, le plus inégal, le plus désastreux des impôts?.....
Mes amis, écoutez un mot, un seul mot. Deux siècles de déprédations et de brigandages ont creusé le gouffre où le royaume est près de s'engloutir; il faut le combler, ce gouffre effroyable. Eh bien! voici la liste des propriétaires français : choisissez parmi les plus riches, afin de sacrifier moins de citoyens. Mais choisissez, car ne faut-il pas qu'un petit nombre périsse pour sauver la masse du peuple? Allons, ces deux mille notables possèdent de quoi combler le déficit. Ramenez l'ordre dans vos finances, la paix et la prospérité dans le royaume. Frappez, immolez sans pitié ces tristes victimes; précipitez-les dans l'abîme : il va se refermer..... Vous reculez d'horreur..... Hommes inconséquents, hommes pusillanimes! Eh! ne voyez-vous donc pas qu'en décrétant la banqueroute, ou, ce qui est plus odieux encore, en la rendant inévitable sans la décréter, vous vous souillez d'un acte mille fois plus criminel, et, chose inconcevable, gratuitement criminel? car enfin cet horrible sacrifice ferait du moins disparaître le déficit. Mais croyez-vous, parce que vous n'aurez pas payé que vous ne devrez plus rien? Croyez-vous que les milliers, les millions d'hommes qui perdront en un instant, par l'explosion terrible ou par ses contre-coups, tout ce qui faisait la consolation de leur vie, et peut-être l'unique moyen de la sustenter, vous laisseront paisiblement jouir de votre crime? Contemplateurs stoïques des maux incalculables que cette catastrophe vomira sur la France; impassibles égoïstes qui pensez que ces convulsions du désespoir et de la misère passeront comme tant d'autres, et d'autant plus rapidement qu'elles seront plus violentes, êtes-vous bien sûrs que tant d'hommes sans pain vous laisseront tranquillement savourer les mets dont vous n'aurez voulu

diminuer ni le nombre, ni la délicatesse? Non, vous périrez, et dans la conflagration universelle que vous ne craignez pas d'allumer la perte de votre honneur ne sauvera pas une seule de vos détestables jouissances. Voilà où nous marchons!.... J'entends parler de patriotisme, d'invocation du patriotisme, d'élans du patriotisme. Ah! ne prostituez pas ces mots de patrie et de patriotisme. Il est donc bien magnanime l'effort de donner une portion de son revenu pour sauver tout ce qu'on possède. Eh! messieurs, ce n'est là que de la simple arithmétique, et celui qui hésitera ne peut désarmer l'indignation que par le mépris qu'inspirera sa stupidité. Oui, messieurs, c'est la prudence la plus ordinaire, la sagesse la plus triviale, c'est l'intérêt le plus grossier que j'invoque. Je ne vous dis plus, comme autrefois : Donnerez-vous les premiers aux nations le spectacle d'un peuple assemblé pour manquer à la foi publique? Je ne vous dis plus : Eh! quels titres avez-vous à la liberté, quels moyens vous resteront pour la maintenir si dès votre premier pas vous surpassez les turpitudes des gouvernements les plus corrompus, si le besoin de votre concours et de votre surveillance n'est pas le garant de votre constitution? Je vous dis : Vous serez tous entraînés dans la ruine universelle, et les premiers intéressés au sacrifice que le gouvernement vous demande, c'est vous-mêmes. Votez donc ce subside extraordinaire, et que puisse-t-il être suffisant! Votez-le, parce que, si vous avez des doutes sur les moyens, doutes vagues et non éclaircis, vous n'en avez pas sur sa nécessité et sur notre impuissance à le remplacer; votez-le, parce que les circonstances publiques ne souffrent aucun retard, et que vous seriez comptables de tout délai. Gardez-vous de demander du temps, le malheur n'en accorde pas. Eh! messieurs, à propos d'une ridicule motion du Palais-Royal, d'une risible insurrection qui n'eut jamais d'importance que dans les imaginations faibles ou les desseins pervers de quelques hommes de mauvaise foi, vous avez entendu naguère ces mots forcenés : « Catilina est aux portes, et » l'on délibère! » et certainement il n'y avait autour de nous ni Catilina, ni périls, ni faction, ni Rome; mais aujourd'hui la Banqueroute, la hideuse Banqueroute est là; elle menace de consumer vous, vos propriétés, votre honneur;... et vous délibérez! »

Paris. — Imprimerie de GAUTHIER-VILLARS, rue de Seine-Saint-Germain, 10, près l'Institut.

PLANCHES.

LETTRES SIMPLES.
(Fig. 1.)

be-pe,   de-te,   ve-fe.   me.   ne,   se,   le.   re,

gue-ke,   je- che,

LETTRES DOUBLES.
(Fig. 2.)

se,   sepe,   seche-seke,   sefe.   sere,   sele,

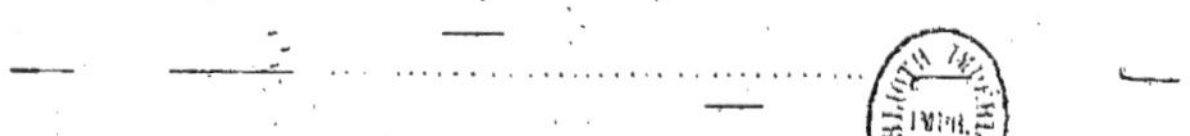

san,   seme-sene,   sese,   sete,

1

ke,   kepe,   keche-keke,   kefe,   kere,   kele,

kan,   kene-kene,   kese,   kete,

che   chere   chele

LETTRES MULTIPLES.

(Fig. 3.)

sepeche-sepeke,   sereche-sereke,   seleche-seleke,   sanche-sanke,

semeche- semeke,   seseche-seseke,   seteche-seteke,

sepefe,   serefe,   selefe,   sanfe,   semefe-senefe,   sesefe, setefe, serepe, selepe, sanpe, semepe - senepe,

sesepe, setepe.

(FIG. 4.)

sepan, sechan-sekan, sefan, seran, selan,

seman - senan, sesan, selan.

sepanche-sepanke, sepanfe, seranche-seranke, seranfe, etc.

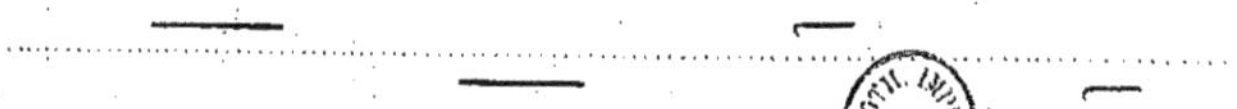

san-t-an, san-s-an.

1.

(FIG. 5.)

semere - senere,   sesere,   setere.

remere - renere.   resere,   retere.

san - t - re.   ren - t - re.

LETTRES MIXTES.
(Fig. 6.)

ye   yeke,   yefe,   yere.

gne, gnepe, gneke, gnefe. gnan. gnere, gneran.

VOYELLES INITIALES
(Fig. 7.)

a, é, i, o, u, eu, ou;   an, in, on, un;   ai, oua, ui;

éon, ena.

VOYELLES NASALES
(Fig. 8.)

mekan, mefan, mélan, metan, etc.

an, ans, in, ins, un, on.

défions, mécréant, remuant, vaurien.

payant, moyen, fuyant.

VOYELLES FINALES.
(Fig. 9.)

a, ea, ia, oa, ua, as, al, ac ;   é, ié, és, el ;

u, eu, iu, us, ul, uc ; o, ao, eo, io, uo, os, ot ; ou, oul, ous, ouc, our ;

é, ié, isé, ité ;   i, is, it, if, ir ; isif, ilif, ilic ;

VOYELLES FINALES COMPOSÉES.
(Fig. 10.)

aé, asé, alé ; ai, asi, ati ; eé, ésé, été ; ei, esi, eti ;

ué, usé, ulé; ui, uir, usi, uli; vé, osé, oté;

oi, osi, oti; oué, ousé, oulé, ouré; oui, ousi, outi, ouri;

FINALES COMPOSÉES EN R.
(Fig. 11.)

ar, er; or; our; aré, eré, arsé, arté, ersé, erté;

ari, éri, arsi, arti, ersi, erti; oré, orsé, orté;

ori, orsi, orti; ouré, oursé, ourté; ouri, oursi, ourti;

ur, eur, ir.

— 8 —

FINALES ARBITRAIRES.

(Fig. 12.)

ation, action; etion, ection; ilion, iction, etc.

antion, anction; intion, inction, ontion, onction.

oin; oint; ouant; oindre.

lement, liment; lissement; sement; tement; rement; quement;

sivement; tivement; sivité; tivité.

acteur; ecteur; icteur; octeur; ucteur.

taleur, tuteur, sateur.

suit, tuit, duit.

isme, iste, istre,

artion, ertion, ersant; orsion, orsant, ortant.

gramme, graphe, logue, etc.

LIAISON DES SIGNES.
(Fig. 13.)

dissimula; séparément; intervention; progressivement.

EMPLOI DES SIGNES SYNTHÉTIQUES ET DES SIGNES ÉLEMENTAIRES.
(Fig. 14.)

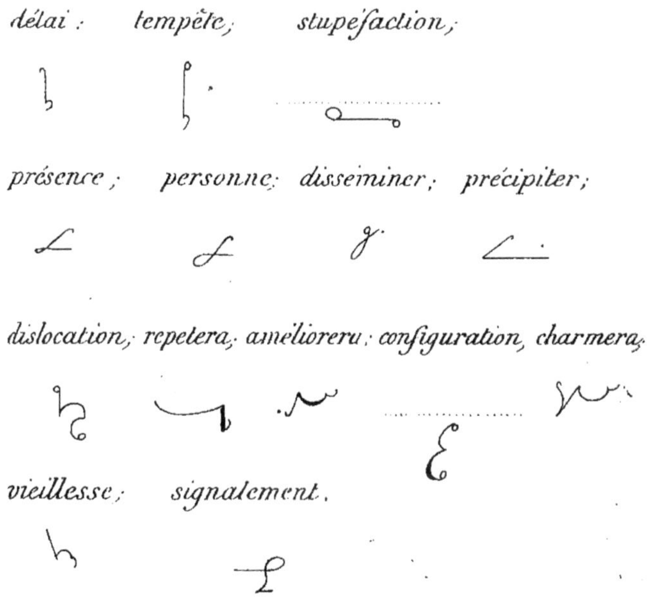

délai ;   tempête ;   stupéfaction ;

présence ;   personne ; disséminer ; précipiter ;

dislocation ; repetera ; amélioreru ; configuration, charmera ;

vieillesse ;   signalement.

RENFORCEMENT DES LETTRES DOUBLES.
(Fig. 15.)

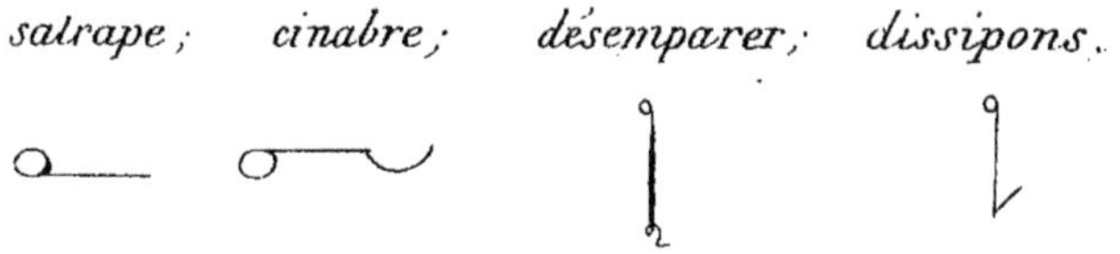

satrape ;   cinabre ;   désemparer ; dissipons.

LETTRES DOUBLES EN SUPRAPOSITION ET EN INFRAPOSITION.
(Fig. 16.)

dépêche ;   décaper ;   trébuchet ;   derechef ;

subvention ;   s'évapore .

SIGNES DE MÊME DIRECTION .
(Fig. 17.)

distillation ;   sollicite :   succède ;   députation ;

INCOMPATIBILITÉS DE PRONONCIATION.
(Fig. 18.)

condition ;   abondant ;   tendu ;   j'insiste .

prononcé ; commencé ; lendemain ; consolation ;

décomposé ; l'accomplissement.

INCOMPATIBILITÉS DE MÉTHODE.

(Fig. 19.)

bandage ; conséquent ; poursuivre ;

l'indépendance .

(Fig. 20.)

prudent ; présent ; précédent ; restauration ;

VOYELLES ET DIPTHONGUES FORMANT UNE SYLLABE MEDIANE.
(Fig. 21.)

péage; naiveté; réalité; cohérent; voyage;

loyale; faillible.

FINALES.
(Fig. 22.)

père; pari; pierre; parti.

VOYELLES ET DIPTHONGUES ISOLEES.
(Fig. 23.)

a, ah; assez; assis; aie, haie; été;

u, eu ; usé ; huis ; au, aux, oh ; osé ; aussi ;

ou ; oui ; an, on, un ; iant, huant ; ayant, ayons ; y.

MONOSYLLABES.
(Fig. 24.)

il, elle ;   dit-il, dit-elle ;   s'écria-t-il, elle ;

et ;   et de ;   de l'état ;   de l'homme.

UNION DES MONOGRAMMES.
(Fig. 25.)

ce qui se peut ; tout ce que l'on dit ;   chef d'œuvre ;

procès-verbal; Conseil d'Etat; nous nous;

vous vous; nous n'avons; vous avez; cour de cassation;

ponts-et-chaussées; projet de loi, Ville de Paris.

MOTS ARBITRAIRES - STÉNOGRAPHISMES.
(Fig. 26)

pour ainsi dire; fin de non recevoir; et cœtera;

ainsi de suite; tout le monde; de plus; de plus en plus;

c'est-à-dire; public; Ministre; Ministère;

administration ; de l'administration ; ordre du jour ;

de l'ordre du jour ; Corps législatif ; pouvoir judiciaire ;

gouvernement ; ressources ; général ; conseil général ;

principe ; Président ; M^r le Président ; par exemple ;

Ministre de la guerre ; Ministre des affaires étrangères ;

Ministre de l'intérieur ; Ministre de la justice ;

Ministre de l'instruction publique ; Ministre des travaux publics ;

jusqu'à un certain point ; très considérable ;

....

proprement dit, sous ce rapport ; sous tous les rapports ;

sous l'influence ; à cet effet.

....

NUMÉRATION STÉNOGRAPHIQUE
(Fig. 27)

12 ; 15 ; 16 ; 18 ; 30 ; 40, 560 ;

400 ; 600 ; 5600 ; 3000, 22,000 ; 500,000 ;

3,000,000 ; 3,000,000,000, 55 ; 555 ; 2,005.

(Fig.28.)

Discours de Mirabeau sur Banqueroute.

Au milieu détant débats tumultueux ne pourrai je

donc vous ramener a la délibération du jour par

un petinombre questions ben simpes daignez me

réponde Ministre des Finances ne vous a-t-il fait

tableau le plus effrayant de note situation actuelle

2.

ne vous a-t-il dit que tout délai aggravait

péril qu'un jour qu'une heure un instant pouvait

le rende mortel avons-nous un plan à

substituer à sui qu'il propose oui je conjure

i qui répond oui de considérer kson plan

n'est connu qu'il faut du temps pour le developper

l'esaminer le demontrer que fut-il immédiatement

soumis à note délibération son auteur a pu se

tromper que fut-il eksan de toute erreur on peut

croire qu'il ne l'est que quand tout le monde a tort

tout le monde a raison qu'il se pourrait donc que

l'auteur de cet aut projet même ayant raison

eût tort contre tout le monde puisque sans l'assen-ti-ment

de l'opinion publique plus grand talent ne saurait triompher des circons Et moi aussi je me crois moyens

de M.ʳ Necker meilleurs possibles mais ciel me

préserve dans une situation si cri-ti-que d'opposer

miens aux siens vainement je les tien-d-rais

pour préférables on ne rivalise en un instant

une popularité pro-di-gieuse conquise par des services

éclatants une longue expérience réputation du

premier talent de financier connu et s'il faut

tout dire une destinée telle qu'elle n'échut en

par-ta-ge à aucun mortel il faut donc en revenir

au plan de M. Necker mais avons-nous temps

de l'examiner de sonder ses bases de vérifier ses calculs

non non mille fois non d'in-si-gnifiantes questions

des conjectures hasardées des tatonnements infidèles

voilà tout ce qui dans ce moment est en note pouvoir

qu'allons nous donc faire par renvoi de la délibération

manquer moment décisif acharner note amour prope

à changer quelquechose à un plan que nous n'avons

même con-ç-u et diminuer par note intervention indiscrète

l'influence d'un Ministre dont crédit financier est

et doit être plus grand que note M^{re} certainement gna là ni sagesse ni prévoyance mais du moins

y a-t-il de la bonne foi oh si déclarations les plus

solennelles ne garan-tissaient note respect pour foi publique

note horreur pour l'infâme mot banqueroute

j'oserais scruter motifs secrets et peut-être hélas

ignorés de nous-même qui nous font si imprudemment

reculer au moment de proclamer l'acte du plus grand

dévouement certainement inefficace s'il n'est rapide et

vraiment abandonné je dirais à ceux qui se

familiarisent peut'ête avec l'idée de manquer aux

engagements publics par crainte d'ekses des sacrifices

par terreur de l'impôt je leur dirais qu'est-ce donc

que banqueroute si ce n'est le plus cruel le plus inique

le plus inégal le plus désastreux des impôts

mes amis écoutez un mot un seul mot deux

siècles déprédations et de brigandages ont creusé gouffre

ou royaume est près s'engloutir il faut le

combler ce gouffre effro-ya-be eh ben voici liste

propiétaires français choisissez parmi les plus riches

afin sacrifier le moins citoyens mais choisissez

car ne faut-il qu'un petit nombre périsse pour sauver

masse du peuple allons ces 2000 notabes possèdent

dequoi combler déficit ramener l'ordre dans vos

finances paix et propérité dans royaume frappez

immolez sans pitié ces tristes victimes précipitez les

dans l'abîme il va se refermer vous reculez

d'horreur hommes incon-sé-quents hommes pusillanimes

ch ne voyez vous donc qu'en décrétant banqueroute

ou cequ'est plus odieux encor en la ren-d-ant

inévitable sans la décréter vous vous souillez d'un

acte mille fois plus criminel et chose incon-ce-vable

gratuitement criminel car enfin cet horrible sacrifice

ferait du moins disparête déficit mais croyez vous

par-ce-que vous n'aurez payé que vous ne devrez

plus rien croyez vous que milliers millions d'hommes

qui perdront en un instant par l'esplosion

terrible ou par ses con-t-re coups tout ce qui faisait

con-so-lation de leur vie et peutête l'unic moyen

de la susten-t-er vous laisseront paisiblement jouir

de votc crime contemplateurs stoïc des maux incalculables

kcette catastrophe vomira sur France impassibles

égoistes qui pensez kses convulsions du désespoir etde

misère passeront comme tant d'autes et d'autant plus

rapidement qu'elles seront plus violentes êtes vous ben

sûrs que tant d'hommes sans pain vous laisseront

tranquillement savourer mets dont vous n'aurez voulu

diminuer ni nombe ni délicatesse non vous

périrez et dans conflagration universelle que vous ne

frémissez d'allumer perte de vote honneur ne

sauvera une seule de vos détestabes jouissances

voilà où nous marchons j'en-t-ends parler

de patriotis d'invocation de patriotis d'élans

de patriotis ah ne, prostituez ces mots de patrie

et de patriotis il est donc ben magnanime l'effort de

donner une portion de sow revenu pour sauver

tout ce kon possède eh M^s ce n'est là que de la

simpe arithmétic et sui qui hésitera ne peut

désarmer l'in-di-gnation que par mépris qu'inpirera

sa stupidité oui M.rs c'est pru-d-ence la plus

ordinaire sagesse la plus triviale c'est l'in-téré

le plus grossier que j'invoque je ne vous dis

plus comme autrefois donnerez vous premiers aux nations

spe-ta-ke d'un peuple assembé pour manquer à la

3

foi publique je ne vous dis plus eh quels titres avez-vous

à la liberté quels moyens vous res-teront pour

la mainteni si dès vote premier pas vous surpassez

turpitudes des gouvernements les plus corrompus si besoin

de vote concours et de vote surveyance n'est

garant de vote constitution je vous dis vous serez

tous entrainés dans ruine universelle et premiers

intéressés au sacrifice que gouvernement vous demande

c'est vous mêmes votez donc ce subside extraordinaire

et que puisse-t-il être suffisant votez le par-ce-que

si vous avez des doutes sur moyens doutes vagues

et non éclaircis vous n'en avez sur sa nécessité

et sur note impuissance à le remplacer

votez le par-ce-que circons publiques ne souffrent

3.

aucun retard et que vous seriez comp-ta-bes de tout

délai gardez vous de demander du temps malheur n'en

accorde eh Mrs à propos d'une ridicule motion

du palais royal d'une risible insurrection qui veut

jamais d'importance que dans imaginations faibles

ou desseins pervers de quelques hommes de mauvaise foi

vous avez entendu naguère ces mots forcenés

Catilina est aux portes et l'on délibère et

certainement gravait autour de nous ni Catilina

ni périls ni factions ni Rome mais aujourd'hui

banqueroute hideuse banqueroute est la elle menace

consumer vous vos propriétés vole honneur

et vous délibérez.